The Symons Medal

The Symons Medal was designed for the Confederation Centre of the Arts
by Dora de Pédery-Hunt, C.M., O Ont (1913–2008), the famed Canadian
sculptor, renowned for her designs of medals and coins.
The execution of the medal was inspired by Jean Paul Lemieux's
1964 painting *Charlottetown Revisited*, which is held in
the Confederation Centre Art Gallery's permanent collection.

La médaille Symons

La médaille Symons a été conçue pour le Centre des arts de la
Confédération par la sculpteure Dora de Pédery-Hunt, C. M., O. Ont.
(1913 - 2008), une sculpteure canadienne renommée qui est connue
pour ses médailles et pièces de monnaie. La médaille est une œuvre qui
s'inspire de la toile de Jean Paul Lemieux intitulée *Charlottetown
revisitée*, 1964, qui se trouve dans la collection permanente de
la Galerie d'art du Centre des arts de la Confédération.

The Symons Medal Series / Collection de la médaille Symons

The Symons Medal, one of Canada's most prestigious honours, is awarded annually by the Confederation Centre of the Arts, Canada's National Memorial to the Fathers of Confederation, to honour persons who have made an exceptional and outstanding contribution to Canadian life. The presentation of the Symons Medal is normally an occasion for the distinguished recipients to give a lecture on the state of Canadian Confederation and its place in the world. It provides a national platform to discuss the current state and future prospects of Confederation in the world of today. The Symons Medal Series, co-published by the Confederation Centre and by the University of Ottawa Press, aims to make the Symons Medal lectures available to a wide and continuing audience of Canadian readers, and to make them permanent contributions to Canadian culture, and to the future of the Canadian Confederation.

L'une des plus prestigieuses distinctions au Canada, la médaille Symons est décernée chaque année par le Centre des arts de la Confédération, l'institution commémorative nationale établie en l'honneur des Pères de la Confédération, à un lauréat ou une lauréate ayant contribué de façon exceptionnelle à la société canadienne. L'attribution de la médaille Symons est l'occasion, pour le lauréat ou la lauréate, de prononcer une grande conférence sur l'état de la Confédération canadienne et sur sa place dans le monde. Il s'agit d'une plateforme nationale permettant de discuter de l'état actuel et futur de la Confédération et de ses perspectives sur la scène internationale contemporaine. La Collection de la médaille Symons, publiée conjointement par le Centre des arts de la Confédération et par Les Presses de l'Université d'Ottawa, a pour but de rendre les conférences prononcées lors de l'octroi de la médaille Symons disponibles à un plus vaste public et de prolonger leur effet auprès du lectorat canadien. Ainsi ces conférences pourront contribuer en permanence à la culture canadienne et à l'avenir de la Confédération canadienne.

Symons Medal Series Editor / Directeur de la Collection de la médaille Symons:
Steve Bellamy

THE SYMONS MEDAL

TWENTY YEARS OF REFLECTION ON AN EVOLVING CANADA

LA MÉDAILLE SYMONS

VINGT ANS DE RÉFLEXION SUR LE CANADA, UN PAYS EN ÉVOLUTION

THE SYMONS MEDAL
TWENTY YEARS OF REFLECTION ON AN EVOLVING CANADA

LA MÉDAILLE SYMONS
VINGT ANS DE RÉFLEXION SUR LE CANADA, UN PAYS EN ÉVOLUTION

HARVEY SAWLER

Confederation Centre of the Arts, Charlottetown, Prince Edward Island
Centre des arts de la Confédération, Charlottetown, Île-du-Prince-Édouard

University of Ottawa Press / Les Presses de l'Université d'Ottawa

CENTRE DES ARTS DE LA CONFÉDÉRATION / CONFEDERATION CENTRE OF THE ARTS

Les Presses de l'Université d'Ottawa (PUO) sont fières d'être la plus ancienne maison d'édition universitaire francophone au Canada et le plus ancien éditeur universitaire bilingue en Amérique du Nord. Depuis 1936, les PUO enrichissent la vie intellectuelle et culturelle en publiant, en français ou en anglais, des livres évalués par les pairs et primés dans le domaine des arts et lettres et des sciences sociales. Les Presses de l'Université d'Ottawa sont fières de s'associer au Centre des arts de la Confédération pour la publication de la Collection de la médaille Symons, qui honore des personnes ayant contribué de façon exceptionnelle à la société canadienne.

The University of Ottawa Press (UOP) is proud to be the oldest of the francophone university presses in Canada and the oldest bilingual university publisher in North America. Since 1936, UOP has been enriching intellectual and cultural discourse by producing peer-reviewed and award-winning books in the humanities and social sciences, in French and in English. The University of Ottawa Press is proud to partner with the Confederation Centre of the Arts to publish the Symons Medal Series, which honours persons who have made an exceptional and outstanding contribution to Canadian life.

www.Presses.uOttawa.ca / www.Press.uOttawa.ca

Catalogage avant publication de Bibliothèque et Archives Canada
Library and Archives Canada Cataloguing in Publication

Title: The Symons Medal : twenty years of reflection on an evolving Canada / La médaille Symons : vingt ans de réflexion sur le Canada, un pays en évolution / Harvey Sawler.
Other titles: Médaille Symons
Names: Sawler, Harvey, 1954- author. | Sawler, Harvey, 1954- Symons Medal. | Sawler, Harvey, 1954- Symons Medal. French.
Series: Symons Medal series.
Description: Series statement: The Symons Medal Series | Text in English and French.
Identifiers: Canadiana (print) 20240355024E | Canadiana (ebook) 2024035544XE | ISBN 9780776642215 (hardcover) | ISBN 9780776642222 (PDF)
Subjects: LCSH: Symons Medal. | LCSH: Award winners—Canada—Biography. | LCSH: Canada—Civilization—21st century.
Classification: LCC FC95.5 .S29 2024 | DDC 306.0971—dc23

Dépôt legal : Troisième trimestre 2024 / Legal Deposit: Third Quarter 2024
Bibliothèque et Archives Canada / Library and Archives Canada

Imprimé au Canada / Printed in Canada

Équipe de la production / Production Team

Traduction de l'anglais au français / Translation from English to French	Mélanie Morin
Révision linguistique / Copy editing	Sandra McIntyre (En) et/and Marc Collin (Fr)
Correction d'épreuves / Proofreading	Jacques A. Côté (Fr) et/and Tanina Drvar (En)
Conception graphique / Graphic design	Mag Lillo, Ruby Square Graphic Design
Maquette de la couverture / Cover design	Mag Lillo, Ruby Square Graphic Design

Les Presses de l'Université d'Ottawa sont reconnaissantes du soutien qu'apportent, à leur programme d'édition, le gouvernement du Canada, le Conseil des arts du Canada, le Conseil des arts de l'Ontario, Ontario Créatif, la Fédération canadienne des sciences humaines, par l'entremise de la Subvention du livre savant (PAES), le Conseil de recherches en sciences humaines, et surtout, l'Université d'Ottawa.

The University of Ottawa Press gratefully acknowledges the support extended to its publishing list by the Government of Canada, the Canada Council for the Arts, the Ontario Arts Council, the Federation for the Humanities and Social Sciences through the Scholarly Book Awards (ASPP) and the Social Sciences and Humanities Research Council, and by the University of Ottawa.

Dedicated to / À
Thomas Henry Bull Symons
CC O Ont FRSC / C.C., O. Ont., MSRC
May 30, 1929 – January 1, 2021 / 30 mai 1929 – 1er janvier 2021

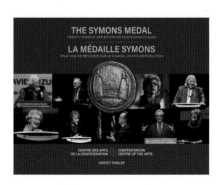

Cover Photo Identification and Credits
Crédits photographiques et identification des photos de couverture

Top row, left to right: David Suzuki; Stephen Lewis; Beverley McLachlin; Murray Sinclair.
Bottom row, left to right: Antonine Maillet; Margaret MacMillan; Ivan Fellegi; Paul Gross; Shelagh Rogers.

Rangée du haut, de gauche à droite : David Suzuki; Stephen Lewis; Beverley McLachlin; Murray Sinclair.
Rangée du bas, de gauche à droite : Antonine Maillet; Margaret MacMillan; Ivan Fellegi; Paul Gross; Shelagh Rogers.

All photos by Louise Vessey, Light and Vision, P.E.I.
except Beverley McLachlin, The Canadian Press, Fred Chartrand photo.

Photos de Louise Vessey, Light and Vision, Î.-P.-É.,
sauf Beverley McLachlin, photo de Fred Chartrand, La Presse canadienne.

[The Confederation Centre] is a tribute to those famous men who founded our Confederation. But it is also dedicated to the fostering of those things that enrich the mind and delight the heart, those intangible but precious things that give meaning to a society and help create from it a civilization and a culture.

Prime Minister Lester B. Pearson
Opening Ceremony for the Confederation Centre of the Arts
October 6, 1964

[Le Centre des arts de la Confédération] rend hommage aux célèbres fondateurs de la Confédération canadienne, mais il se consacre aussi à la culture de ce qui nourrit l'esprit et qui réjouit le cœur, ces atouts intangibles, mais précieux, qui donnent un sens à la société et qui contribuent à en faire une civilisation et une culture.

Le premier ministre Lester B. Pearson
Cérémonie d'inauguration du Centre des arts de la Confédération,
le 6 octobre 1964.

Table of Contents / Table des matières

Foreword / Préface

THE HONOURABLE BOB RAE / L'HONORABLE BOB RAE

Tom Symons was a remarkable man. Meeting him for the first time, you might have thought him something of an eccentric, in his carefully tailored suits and roundabout way of talking, quietly trying to persuade the listener that "perhaps another way of looking at the problem would be..." never arguing, never angry, just trying to convince the merits of seeing the world as he saw it. Getting to know Tom Symons better, and learning from him, was a journey I'm glad I took to go beyond any misleading first impression.

Pierre Elliott Trudeau used to quote the French philosopher Boileau, who famously said that "the style is the man himself." Tom Symons's suits were cut of a different and better cloth than most, but for him to have dressed any other way would have been unnatural. He insisted on being true to himself, where he came from, what he knew, what he cared about. But the great quality that prevented him from being captured by the past or becoming narrow or antiquarian was his curiosity about the world, his powerful desire to learn, share, and break through where others might fear to tread.

As a young man he came to Prince Edward Island for a summer holiday, and then began a love affair with "the Island" that never ended. It was not just a deep affection for the land and the way of life, it was more than anything the people that he came to know, who accepted him for who he was, and who loved him for it. He supported the establishment of the Confederation Centre from the outset, and created the Lecture Series that bears his name as a means of showing his deep love for Canada as well as the importance of respecting the unique place of Charlottetown in the story of Confederation.

Tom's life revolved around his marriage to Christine, his family, his dedication to Trent University, as its founding president, the Arctic, which he knew and cared for deeply, and his lifelong commitment to public service and higher education. Politically he could best be described as a Burkean conservative, what in Canada we call a "Red Tory." He believed in the

Tom Symons était un homme remarquable. À première vue, on aurait pu le trouver plutôt excentrique, vêtu d'un élégant complet et s'exprimant de façon détournée pour persuader doucement ceux qui l'écoutaient d'aborder un problème d'un point de vue différent. Jamais il ne se disputait ou ne se mettait en colère, il tentait simplement de convaincre les gens des mérites de sa propre vision du monde. Je n'ai aucun regret d'avoir emprunté le parcours qui m'a permis de dépasser mes premières impressions trompeuses afin d'apprendre à mieux connaître Tom Symons et de profiter de ses connaissances.

Pierre Elliott Trudeau citait souvent le philosophe français Nicolas Boileau, dont sa célèbre phrase « le style est l'homme même ». Les complets de Tom Symons étaient taillés d'une étoffe supérieure aux autres, mais s'habiller autrement aurait été contre sa nature. Il a su rester fidèle à lui-même, à ses origines, à ses connaissances et à ses valeurs. Mais la grande qualité qui lui a évité de rester figé dans le passé ou de devenir étroit d'esprit ou vieux jeu était sa vive curiosité à l'égard du monde et sa ferme volonté d'apprendre, de partager et de franchir de nouveaux seuils où les autres n'osaient pas s'aventurer.

Jeune homme, Tom a passé des vacances estivales à l'Île-du-Prince-Édouard, et cela a marqué le commencement de son amour indéfectible envers « l'Île ». Il vouait une profonde affection à la terre et au mode de vie de l'Île, mais par-dessus tout, aux gens qu'il a rencontrés et qui l'ont accepté et aimé sans réserve, tel qu'il était. Il a soutenu l'établissement du Centre des arts de la Confédération dès ses débuts et il est à l'origine de la série de causeries qui porte son nom. Cette série visait à témoigner de son amour profond du Canada et à affirmer l'importance de respecter la place particulière occupée par Charlottetown dans l'histoire de la Confédération.

Tom a consacré sa vie à sa femme Christine, à sa famille, à l'Université Trent dont il était le président fondateur, à l'Arctique, un endroit qu'il

power of institutions to serve the public interest over long periods of time. He believed in traditions and rituals, not as empty relics of the past, but as living, breathing realities that give meaning to life. Above all, he was a builder, a constructive and wise soul who was not satisfied with simply leaving things as he found them. He wanted to make them better, stronger, more deeply imbedded in the soil of life.

He was a networker before the term was even invented. He used his charm and humour to poke fun at himself more than at others, and he was a student as much as a teacher. He enjoyed collaboration and loved encouraging others to find their way. The number of people who were touched by him runs well into the thousands.

" [...] the great quality that prevented him from being captured by the past or becoming narrow or antiquarian was his curiosity about the world around him, his powerful desire to learn, share, and break through where others might fear to tread. "

While the Symons Lectures, like many institutions, began as a place where white male voices were dominant, they now better reflect the diversity of Canada. Like Edmund Burke, Tom Symons well understood that change is a necessary part of life, and that reform is how any country survives. He also understood that sensible policy is about the link between the past, present, and future. His lifelong interest in students and what they were

connaissait bien et qui lui tenait profondément à cœur, et à son engagement durable envers la fonction publique et l'enseignement supérieur. Sur le plan politique, on aurait pu le présenter comme un conservateur burkien, ou un « tory rouge » comme on dit au Canada. Il croyait à la capacité des institutions de servir l'intérêt public à long terme. Il croyait également aux traditions et aux rituels, non pas en tant que vestiges d'une époque révolue, mais plutôt en tant que réalités vivantes et dynamiques qui donnent un sens à la vie. Par-dessus tout, il était un bâtisseur, une âme fructueuse et sage qui ne se contentait pas de simplement se résigner à l'impuissance. Il voulait améliorer les choses, les renforcer, les enraciner plus profondément dans le sol de la vie.

« [...] la grande qualité qui lui a évité de rester figé dans le passé ou de devenir étroit d'esprit ou vieux jeu était sa vive curiosité à l'égard du monde et sa ferme volonté d'apprendre, de partager et de franchir de nouveaux seuils où les autres n'osaient pas s'aventurer. »

Tom s'adonnait au réseautage bien avant que le terme ne soit inventé. Il possédait du charme et de l'humour, se moquant de lui-même plus que d'autrui, et il aimait apprendre autant qu'enseigner. Il aimait travailler avec les gens et les encourager à trouver leur voie. Il a su toucher des milliers de personnes. Les causeries Symons, comme de nombreuses autres institutions, ont commencé en donnant la parole majoritairement aux voix masculines blanches, mais aujourd'hui elles

thinking, as well as his determination to give them a place at the banquet of life, mirrored that deep curiosity in what is ahead as well as what happened before.

Like all good builders, Tom Symons has left us many legacies. The Symons Lectures are certainly among them. But in his gentle way he might have peered over his glasses to ask us: "Are we doing enough to prepare for the challenges of the future?" "Which voices have we been leaving out, and should now be brought in?" "How can we make the Lectures more accessible to a wider public?" He would certainly not be telling us to leave well enough alone. He would be prodding, nudging, and pushing, never in a strident way, but always persistently. My wife Arlene once gave me a crocheted design of the words "Be Not Weary in Well Doing." Tom would have thoroughly agreed with those earnest words. He was never satisfied with just leaving things as they were. He was never weary in his well doing, and we are all the better for it.

reflètent mieux la diversité canadienne. Tout comme Edmund Burke, Tom Symons était conscient du fait que le changement est un élément essentiel de la vie, et que les réformes permettent aux pays de survivre. Il avait également compris qu'une politique intelligente se tisse en établissant un lien entre le passé, le présent et l'avenir. L'intérêt qu'il a porté toute sa vie aux étudiants et étudiantes et à leurs idées, ainsi que sa détermination à leur donner une place au grand banquet de la vie, témoignent de sa grande curiosité envers l'avenir, autant qu'à l'égard du passé.

En tant que bâtisseur, Tom Symons nous a laissé de nombreux legs dont les causeries Symons. Il aurait pu nous jeter un regard par-dessus ses lunettes, à sa manière aimable, pour nous demander : « Devons-nous en faire davantage pour nous préparer aux défis de l'avenir ? », « Quelles voix avons-nous exclues auparavant, que nous devrions maintenant écouter ? », « Comment pouvons-nous rendre les causeries plus accessibles au public ? ». Il ne nous dirait certainement pas que le mieux est l'ennemi du bien. Il incitait, encourageait et poussait, jamais avec agressivité, mais toujours avec persistance. Ma femme Arlene m'a une fois donné un point de croix avec la citation : « Ne nous lassons pas de faire le bien. » Tom aurait été tout à fait d'accord avec ces sages paroles. Comme tout bon bâtisseur, il ne s'est jamais contenté de laisser les choses telles qu'elles sont. Il ne s'est jamais lassé de faire le bien, et nous ne nous en portons que mieux.

Introduction

BOARD OF DIRECTORS · GOVERNORS
CONSEIL D'ADMINISTRATION · GOUVERNEURS ET GOUVERNEURES

Comprised of a board of directors and governors, the Fathers of Confederation Buildings Trust is responsible for the administration and maintenance of the buildings and programs of the Confederation Centre of the Arts as legislated in the *Fathers of Confederation Buildings Act.*

At the heart of the Trust lies a dedicated group of volunteers who bring a wealth of experience and expertise to the table. These men and women play a crucial role in guiding the strategic direction of the Confederation Centre of the Arts, ensuring that the organization remains true to its mandate of presenting diverse Canadian culture through arts and heritage programs.

Le Groupe fiduciaire des édifices des Pères de la Confédération, composé d'un conseil d'administration et de gouverneurs et gouverneures, s'occupe de l'administration et de l'entretien des édifices et des programmes du Centre des arts de la Confédération, conformément à la loi intitulée *Fathers of Confederation Buildings Act.*

Le Groupe fiduciaire est composé d'un groupe de bénévoles compétents et dévoués dont la vaste expérience enrichit la prise de décisions. Ces hommes et ces femmes jouent un rôle crucial dans l'orientation stratégique du Centre des arts de la Confédération, veillant à ce que l'organisme demeure fidèle à son mandat de représenter la diversité culturelle canadienne par l'entremise de programmes artistiques et patrimoniaux.

Confederation Centre of the Arts Foundation
La Fondation du Centre des arts de la Confédération

The Confederation Centre of the Arts Foundation is a publicly registered Canadian charitable foundation with the purpose to provide stable annual income to the Confederation Centre of the Arts. The Foundation was formed in 2010 to hold all endowment gifts to the Centre to build a secure, sustainable future. The Foundation's mandate is to oversee the management of invested capital funds in perpetuity to support the operation of the Centre and its vital arts and heritage programming for generations to come.

Endowment funds have been part of the Confederation Centre's financial portfolio since the first endowment fund was created in 1973 by Bayliss Lee as a memorial to his wife, artist Ann Dow Lee. As of 2023, there are 34 named funds within the Foundation, each created with a minimum of $10,000, and each with a specific purpose.

La Fondation du Centre des arts de la Confédération est un organisme de bienfaisance canadien inscrit à un registre public. Elle vise à assurer un revenu annuel stable au Centre des arts de la Confédération. Créée en 2020, la Fondation retient toutes les dotations versées au Centre et s'en sert pour bâtir un avenir sûr et durable. Le mandat de la Fondation est de superviser la gestion des capitaux permanents à perpétuité afin d'appuyer le fonctionnement du Centre et de ses programmes essentiels en arts et en patrimoine pour les générations à venir.

Les fonds de dotation font partie du portefeuille financier du Centre des arts de la Confédération depuis la création du premier fonds de dotation en 1973 par Bayliss Lee en mémoire de sa femme, l'artiste Ann Dow Lee. En 2023, la Fondation comptait 34 fonds commémoratifs créés à partir d'un don minimal de 10 000 $ et destinés à des fins précises.

The Symons Trust Endowment Fund
Le Fonds de dotation Symons Trust

The Symons Trust Endowment Fund was created in 1994 to help finance heritage programming, specifically the Symons Medal Presentation and Lecture. Held annually, the Symons Medal Presentation and Lecture on the State of Canadian Confederation provides a national platform for a distinguished Canadian to discuss the current state and future prospects of Confederation. It provides all Canadians an opportunity to reflect upon their country and its future. The Medal Ceremony and Lecture is held each fall in Charlottetown to mark the meetings of the Fathers of Confederation in September 1864. All donations to the Endowment Fund are eligible for up to dollar-for-dollar matching through the Endowment Incentives component of the Department of Canadian Heritage's Canada Cultural Investment Fund.

Le Fonds de dotation Symons Trust a été créé en 1994 pour aider à financer des programmes dans le domaine du patrimoine, en particulier la remise de la médaille et la causerie Symons. Tenues chaque année, la remise de la médaille et la causerie Symons sur l'état de la Confédération canadienne offrent une plate-forme nationale qui donne l'occasion à un éminent Canadien ou une éminente Canadienne de discuter de l'état actuel de la Confédération et de ses perspectives, donnant à chaque citoyenne et citoyen canadien l'occasion de réfléchir à son pays et à son avenir. La cérémonie de remise de la médaille et la causerie Symons ont lieu chaque automne à Charlottetown pour commémorer la rencontre des Pères de la Confédération en septembre 1864. Tous les dons au fonds de dotation sont admissibles à une contrepartie allant jusqu'à un dollar par dollar par le biais du volet Incitatifs de dotation du Fonds du Canada pour l'investissement en culture du ministère du Patrimoine canadien.

The Symons Medal Committee
Le comité de la médaille Symons

Wayne Hambly – P.E.I. / Î.-P.-É.
Original Member 2004 – Resigned 2023
Membre fondateur en 2004 – Démission en 2023

George Kitching – Ont.
Original Member 2004 – Resigned 2021
Membre fondateur en 2004 – Démission en 2021

Tom Symons – Ont.
Original Member 2004 – Deceased 2021
Membre fondateur en 2004 – Décès en 2021

David Jenkins – P.E.I. / Î.-P.-É.
Original Member 2004 – Current
Membre fondateur en 2004 – Membre actuel

Jeffrey Symons – N.Y.
Joined 2008 – Current
Devenu membre en 2008 – Membre actuel

Ralph Heintzman – Ont.
Joined 2013 – Current
Devenu membre en 2013 – Membre actuel

Claude Métras – Que. / Qc
Joined 2016 – Current
Devenu membre en 2016 – Membre actuel

Charles Scott – Ont.
Joined 2018 – Deceased 2022
Devenu membre en 2018 – Décès en 2022

Robert L. Sear – P.E.I. / Î.-P.-É.
Joined 2018 – Current
Devenu membre en 2018 – Membre actuel

Steve Bellamy – P.E.I. / Î.-P.-É.
Joined 2018 – Current
Devenu membre en 2018 – Membre actuel

Kathryn Warden – Sask.
Joined 2022 – Current
Devenue membre en 2022 – Membre actuelle

Esmahan Razavi – Alta. / Alb.
Joined 2022 – Current
Devenue membre en 2022 – Membre actuelle

Harvey McCue – Ont.
Joined 2023 – Current
Devenu membre en 2023 – Membre actuel

The Symons Medal Sculptor
La sculpteure de la médaille Symons

DORA DE PÉDERY-HUNT

The Symons Medal was designed by Dora de Pédery-Hunt, CM, O Ont (1913–2008). Known for her work with medals and coins, de Pédery-Hunt was the first Canadian to design an effigy for Queen Elizabeth II. Born in Budapest, Hungary, she initially studied physics, medicine, and architecture before choosing art as her intended vocation at the age of 24. She trained for six years with scholarships at what is now the Hungarian University of Fine Arts, Budapest, studying under Elek Lux, Béla Ohmann, and József Reményi. She received her Master's Diploma in Sculpture in 1943. De Pédery-Hunt's execution of the medal was inspired by Jean Paul Lemieux's 1964 painting *Charlottetown Revisited*, which is held in the Confederation Centre Art Gallery's permanent collection.

La médaille Symons est une œuvre de la sculpteure Dora de Pédery-Hunt, C.M., O. Ont. (1913–2008). Connue pour ses médailles et pièces de monnaie, de Pédery-Hunt est la première femme canadienne à réaliser une effigie de la reine Elizabeth II. Originaire de Budapest, en Hongrie, elle étudie d'abord la physique, la médecine et l'architecture avant de se vouer pleinement à l'art à l'âge de 24 ans. Elle suit une formation de six ans avec bourses d'études à l'établissement maintenant connu sous le nom de l'université hongroise des beaux-arts de Budapest. Elle étudie sous la direction d'Elek Lux, de Béla Ohmann et de József Reményi, et obtient sa maîtrise en sculpture en 1943. La médaille conçue par de Pédery-Hunt s'inspire de la toile de Jean Paul Lemieux intitulée *Charlottetown revisitée*, 1964, qui se trouve dans la collection permanente de la Galerie d'art du Centre des arts de la Confédération.

Congratulations

TWENTY YEARS OF THE SYMONS MEDAL

A message from the Confederation Centre of the Arts CEO Steve Bellamy and Board of Directors Chair Bob Sear.

The national role of the Confederation Centre of the Arts is to facilitate the interpretation of an evolving Canada through visual and performing arts and by convening for national discussion on issues important to Canadians. The Confederation Centre inspires all Canadians to consider the origins and evolution of the country, and the Symons Medal plays a lead role in that effort. The Symons Medal was established in 2004 by the Trust that governs the Confederation Centre to mark the 40th anniversary of the institution, opened in 1964 by Her Majesty the Queen and the Prime Minister of Canada, the Right Honourable L. B. Pearson. The medal is awarded each year by the Confederation Centre of the Arts to recognize and honour Canadians who have made special and outstanding contributions to life in Canada. Symons Medal recipients are invited to deliver a lecture on the state of Canada's Confederation from the perspective of their expertise, field, and body of work. The intent is that this award and lecture help stimulate public discourse across the country.

The Confederation Centre of the Arts is an important place for learning how this nation was formed, how Canada's identity continues to evolve, and where we are headed into the future. Through world-class art exhibitions, original theatrical performances, music, dance, education, and heritage programming, millions of visitors from Canada and around the globe visit the Centre to experience the myriad of cultures, identities, and stories that shape the Canada of yesterday and today. The Centre is proud to provide these experiences, and proud of the first 20 years of engaging discourse through the Symons Medal Presentation and Lecture.

The Centre is grateful to the late Professor Thomas H. B. Symons, after whom the Symons Medal is named. A distinguished Canadian who served for many years as a national trustee and governor of the Centre, Tom Symons was instrumental in promoting the Confederation Centre's national role as a convening place for discussions on Canada. He encouraged the Centre to expand its programming in this area and championed the study of Confederation, the role of dialogue, and the exchange of diverse perspectives as a way of improving ourselves and building a better country.

We wish to express our gratitude and thanks to the incredible staff at the Centre for the work they do providing inspirational programs such as the Symons Medal; to the members of the board for their support and governance of the Centre; to the members of the Symons Medal Committee for their commitment to an inspiring annual event; and to all Canadians for your support and participation in the important national discussions and arts programming at the Centre.

On behalf of all Centre staff and board members, congratulations to the Symons Medal laureates who are featured in this book. We thank them for their outstanding contributions to life in Canada, and for encouraging all of us to continue building a better country for the future.

Steve Bellamy
Chief Executive Officer
Confederation Centre of the Arts

Bob Sear
Chair, Board of Directors
Confederation Centre of the Arts

Félicitations

LES VINGT ANS DE LA MÉDAILLE SYMONS

Message de Steve Bellamy, chef de la direction du Centre des arts de la Confédération, et Bob Sear, président du conseil d'administration.

Le rôle national du Centre des arts de la Confédération est de faciliter l'interprétation d'un Canada en évolution à travers les arts visuels et les arts de la scène et grâce à la tenue de débats nationaux portant sur des enjeux d'importance pour les Canadiens et Canadiennes. Le Centre des arts de la Confédération encourage les Canadiens et les Canadiennes à se pencher sur les origines et l'évolution de leur pays, et la médaille Symons joue un rôle de premier plan à cet égard. La médaille Symons a été créée en 2004 par le groupe fiduciaire qui régit le Centre des arts de la Confédération afin de souligner le 40e anniversaire de l'institution, inaugurée en 1964 par Sa Majesté la Reine et par le premier ministre du Canada, le très honorable L. B. Pearson. Chaque année, le Centre des arts de la Confédération décerne la médaille Symons en reconnaissance et en l'honneur d'une personne qui a contribué de façon exceptionnelle à la vie au Canada. Les récipiendaires de la médaille Symons sont invités à prononcer un discours sur l'état de la Confédération canadienne en fonction de leur expertise, de leur domaine et de leurs activités professionnelles. L'objectif de la médaille et de la causerie est d'encourager le discours public dans l'ensemble du pays.

Le Centre des arts de la Confédération est un lieu important pour apprendre comment notre pays est né, comment l'identité canadienne continue à évoluer et quelles sont ses perspectives pour l'avenir. Présentant des expositions d'art de calibre mondial, des représentations théâtrales originales, de la musique, de la danse, des ateliers et des programmes portant sur le patrimoine, le Centre s'ouvre à des millions de visiteurs du Canada et du monde entier, leur permettant de découvrir la myriade de cultures, d'identités et d'histoires qui façonnent le Canada d'hier et d'aujourd'hui. C'est avec grande fierté que le Centre offre ces expériences et célèbre les 20 premières années de discours engageants dans le cadre des remises de la médaille et des causeries Symons.

Le Centre est reconnaissant envers le regretté professeur Thomas H. B. Symons, qui a donné son nom à la médaille Symons. Tom Symons est un Canadien distingué qui a servi de nombreuses années en tant qu'administrateur national et gouverneur du Centre, et qui s'est employé activement à promouvoir le rôle national du Centre des arts de la Confédération comme lieu de rassemblement pour mener des discussions sur le Canada. Il a soutenu l'enrichissement de la programmation du Centre dans ce domaine et s'est fait le champion de l'étude de la Confédération, du rôle du dialogue et de l'échange de divers points de vue comme moyens de contribuer à l'amélioration et à l'édification de notre pays.

Nous tenons à exprimer notre profonde reconnaissance au personnel du Centre pour le formidable travail qu'il accomplit en offrant des programmes inspirants tels que la médaille Symons, aux membres du conseil d'administration pour leur soutien et leur gouvernance du Centre, aux membres du comité de la médaille Symons pour leur engagement envers cet événement annuel inspirant et à la population canadienne pour son soutien et sa participation aux discussions nationales constructives et à la programmation artistique du Centre.

Au nom du personnel du Centre et des membres du conseil d'administration, nous félicitons les récipiendaires de la médaille Symons qui figurent dans le présent livre. Nous les remercions de leur contribution exceptionnelle à la vie au Canada et de leurs encouragements à faire progresser notre pays vers un avenir meilleur.

Steve Bellamy
Chef de la direction
Centre des arts de la Confédération

Bob Sear
Président, conseil d'administration
Centre des arts de la Confédération

1864

THE CHARLOTTETOWN CONFERENCE / LA CONFÉRENCE DE CHARLOTTETOWN

The Charlottetown Conference set Confederation in motion. It was held from September 1–9, 1864, in Charlottetown, with additional meetings the following week in Halifax, Saint John, and Fredericton. The conference was organized by delegates from New Brunswick, Nova Scotia, and Prince Edward Island to discuss the union of their three provinces. They were persuaded by a contingent from the Province of Canada, who were not originally on the guest list, to work toward the union of all the British North American colonies. The Charlottetown Conference was followed by the Quebec Conference (October 10–27, 1864) and the London Conference (December 1866–March 1867). The conferences culminated in Confederation on July 1, 1867.

La Conférence de Charlottetown donne le coup d'envoi à la Confédération. Elle se déroule à Charlottetown du 1er au 9 septembre 1864, et elle est suivie de réunions supplémentaires la semaine suivante à Halifax, Saint John et Fredericton. La conférence est organisée par des délégués du Nouveau-Brunswick, de la Nouvelle-Écosse et de l'Île-du-Prince-Édouard afin de discuter de l'union de leurs trois provinces. Une délégation de la province du Canada, qui ne figure pas sur la liste initiale des invités, parvient néanmoins à convaincre ces provinces de travailler à l'union de toutes les colonies de l'Amérique du Nord britannique. La Conférence de Charlottetown est suivie de la Conférence de Québec (du 10 au 27 octobre 1864) et de la Conférence de Londres (décembre 1866 à mars 1867). Ces trois conférences mènent à la Confédération le 1er juillet 1867.

1947

TOM SYMONS DISCOVERS PRINCE EDWARD ISLAND
TOM SYMONS DÉCOUVRE L'ÎLE-DU-PRINCE-ÉDOUARD

The Prince Edward Island pioneer hotelier, Gordon Shaw, routinely met his guests at the Hunter River train station before shuttling them to Shaw's Hotel at beautiful Brackley Beach, on the Island's north shore. Greeting and intercepting guests at the Hunter River station was more convenient than driving into the City of Charlottetown, and granted the additional pleasure of viewing the beautiful central, rural island vistas, including waterways and captivating hills, valleys, and farms.

Early in the 1947 tourism high season, Shaw greeted his incoming guests and ended up in conversation with an 18-year-old student from Toronto who, while intent on visiting Halifax, spontaneously decided to divert to Moncton and take the train and the ferry to what travel literature at the time would have described as "the Million-Acre Farm." Tom Symons did not really know where he was going. He did not really have a plan.

"Why don't you come with me?" Shaw offered.

The result was a ride to Shaw's, a free room for the night, a roast beef dinner, and the beginning of a warm and wonderful relationship that endured for 38 years until Shaw's passing in 1985. Tom Symons's relationship, remarkably, continued with Shaw's son Robbie and others in the immediate and extended hotel family for another 36 years, until Symons's death in January of 2021.

Gordon Shaw, hôtelier pionnier de l'Île-du-Prince-Édouard, avait l'habitude de rencontrer ses invités à la gare de Hunter River pour leur offrir le transport jusqu'à l'hôtel Shaw's, situé à Brackley Beach, sur la pittoresque rive nord de l'Île. Il était plus pratique pour lui d'accueillir ses invités à la station de Hunter River que de se rendre à Charlottetown. De plus, ce parcours offrait l'occasion de profiter des superbes paysages ruraux du centre de l'Île, notamment des cours d'eau et des collines, des vallées et des fermes captivantes.

Au début de la haute saison de 1947, en accueillant ses invités, Shaw entama une conversation avec un étudiant de 18 ans de Toronto. Celui-ci avait l'intention de visiter Halifax, mais sous le coup de l'impulsion, il décida de changer d'itinéraire pour se rendre à Moncton et voyager en train et en traversier pour explorer l'Île que les guides de voyage de l'époque présentaient comme « la ferme d'un million d'acres ». Tom Symons ne savait pas trop où il s'en allait. Il n'avait pas de plans de voyage.

« Eh bien, venez donc avec moi ! » lui a offert Shaw.

Ainsi, il se rendit à l'hôtel Shaw's où il eut droit à une chambre gratuite et une assiette de rôti de bœuf. Ce fut le début d'une relation chaleureuse et merveilleuse qui dura 38 ans, jusqu'au décès de Shaw en 1985. Fait remarquable, la relation de Tom Symons avec la famille Shaw a été maintenue par le fils de Gordon, Robbie, et d'autres membres de la famille immédiate et élargie de l'hôtel pendant 36 années supplémentaires, soit jusqu'à la mort de Symons en janvier 2021.

Symons fell in love with Prince Edward Island, and the Island fully reciprocated. He came to Shaw's Hotel on his honeymoon with Christine Ryerson, where they spent year after year for at least two weeks, drawing others from Trent University and from other parts of their lives, and making countless friends.

Around the hotel, Symons was known to everyone as "the Professor." Their room was #17. There, he would hold court at five o'clock for pre-dinner cocktails, often then hosting dinner parties in the hotel's main dining room for up to 20 people, with designated seating. Sometimes, there would be a Monte Christo or a glass of wine on the hotel's verandah.

The Symons's children, Mary, Ryerson, and Jeff, were frequently there. Mary once told Gordon's son Robbie Shaw, who assumed ownership and operation of the hotel from his father, that near the end of Symons's life, one thing that kept him alive was looking forward to coming back to Shaw's.

One minute he could be speaking to the hotel staff on a familiar first-name basis, and the next be on the phone in the hotel office talking to then Prince Charles. He wrote letters of reference in support of students working at Shaw's, always thrilled to talk with them about their plans for medical school or other academic pursuits.

A Symons ritual during every visit was to travel to Charlottetown to meet with the premier of the day. As Symons had never learned to drive, he was always met at the airport and chauffeured around by Gordon Shaw, or by Robbie or Robbie's brother, Isaac.

"He was one of Shaw's and P.E.I.'s greatest ambassadors," says Robbie, who was always surprised and amazed at Symons's work ethic. Robbie recalls a FedEx delivery one afternoon of boxes containing nominees' submissions for Canada's top non-fiction history prize. Symons was on the panel of award adjudicators. Although on vacation, he ploughed through the books, one day speed-reading three books in just three hours, including the transcription of his notes.

Ce fut une véritable histoire d'amour entre Tom Symons et l'Île. Il est retourné à l'hôtel Shaw's pour sa lune de miel avec Christine Ryerson, et année après année, le couple allait y passer au moins deux semaines en vacances. Ils y ont attiré des collègues de l'Université Trent et d'autres connaissances, et ils s'y sont fait d'innombrables amis.

À l'hôtel, Tom Symons était connu de tous comme « le professeur ». Il occupait toujours le chalet numéro 17. C'est là qu'il recevait les gens à 17 heures pour l'apéritif, organisant souvent ensuite une réception dans la salle à manger principale de l'hôtel pour une vingtaine d'invités, avec places réservées. On le voyait parfois fumer un cigare Montecristo ou siroter un verre de vin dans la véranda de l'hôtel.

Les enfants de Tom Symons, Mary, Ryerson et Jeff, allaient fréquemment à l'hôtel. Mary a révélé au fils de Gordon, Robbie Shaw, qui a repris la propriété et l'exploitation de l'hôtel de son père, que dans les dernières années de Tom Symons, une chose qui l'animait était l'idée de revenir à l'hôtel Shaw's.

Tom Symons s'intéressait à tous : il pouvait discuter avec les membres du personnel de l'hôtel qu'il appelait par leur prénom, et l'instant d'après, parler au prince Charles au téléphone depuis le bureau de l'hôtel. Il écrivait des lettres de recommandation pour les jeunes qui travaillaient à l'hôtel Shaw's, toujours ravi de parler avec eux de leur parcours scolaire vers l'école de médecine ou vers d'autres parcours universitaires.

À chacune de ses visites à l'Île, Symons se rendait à Charlottetown pour une rencontre rituelle avec le premier ministre de l'époque. Comme il n'a jamais pris le volant de sa vie, il se faisait conduire soit par Gordon Shaw, Robbie, ou le frère de Robbie, Isaac, qui venaient également le chercher à l'aéroport.

« Il était l'un des plus grands ambassadeurs de l'hôtel Shaw's et de l'Île-du-Prince-Édouard », dit Robbie, qui a toujours été surpris et émerveillé par l'éthique de travail de Symons. Robbie se souvient d'une livraison FedEx un après-midi. Il s'agissait de boîtes renfermant les soumissions des candidats et candidates pour un grand prix littéraire d'essais historiques au Canada. Tom Symons était membre du jury. Même s'il était en vacances, il a parcouru tous les livres, faisant la lecture rapide de trois livres en seulement trois heures, sans oublier la transcription de ses notes.

Reminiscing over Symons' passion for the Island, and for the Confederation Centre of the Arts, Robbie reflects on a drop-off at unit #17 in Symons' later years, when he used a walker to access the cottage. Emerging from the car, he looked at Robbie and remarked, "I've just arrived in heaven."

University of Prince Edward Island Associate Professor of History Edward MacDonald contributed the chapter "Summer Islander: Tom Symons and Prince Edward Island," in *Tom Symons: A Canadian Life* (edited by Ralph Heintzman, University of Ottawa Press, 2011). According to MacDonald, by the turn of the millennium, the Confederation Centre had become "the focus of his intellectual investment in Prince Edward Island." Symons was among a rarefied number who was present for the Centre's official opening in 1964, which was attended by Queen Elizabeth II. A star-studded variety show capped the event.

Later, upon witnessing the Centre's prized stage production, *Anne of Green Gables—The Musical*™, MacDonald says that Symons saw in the show a reflection of his Canada. "*Anne of Green Gables* [*The Musical*] deserves a lot of thought as an expression of part of the Canadian experience and Canadian values," he said. "Its significance goes way beyond a piece of entertainment."

According to MacDonald, the Confederation Centre Art Gallery also drew the attention of Symons and his wife Christine, compelling them to become active in acquisitions, what he referred to as "art for Canada's sake."

As detailed in MacDonald's account in *A Canadian Life*, Symons' interest in the Centre did not go unnoticed, and in 1985, he was appointed to the Board of the Fathers of Confederation Buildings Trust as a national trustee and governor. But Symons was no ordinary member of the Trust. By 2003, he had become one of its longest-serving members, providing him with a unique perspective regarding the Centre's mandate and prospects.

MacDonald wrote about Symons' love affair with the Island, with Shaw's Hotel, and with the Confederation Centre and its direction as an important Canadian institution. Symons had become "concerned at

Se remémorant la passion qui animait Tom Symons pour l'Île et pour le Centre des arts de la Confédération, Robbie se rappelle une fois où il a déposé Symons au chalet numéro 17 dans l'un de ses derniers voyages à l'hôtel Shaw's, lorsqu'il se déplaçait en marchette. En sortant de la voiture, il a regardé Robbie et dit : « Me voilà arrivé au paradis. »

Edward MacDonald, professeur agrégé d'histoire à l'Université de l'Île-du-Prince-Édouard, a contribué au chapitre « Summer Islander: Tom Symons and Prince Edward Island » dans le livre *Tom Symons: A Canadian Life*, dirigé par Ralph Heintzman, Les Presses de l'Université d'Ottawa, 2011. Selon MacDonald, au tournant du millénaire, le Centre des arts de la Confédération était au cœur de l'intérêt intellectuel de Tom Symons envers l'Île-du-Prince-Édouard. Symons faisait partie du petit groupe de personnes présentes à l'inauguration officielle du Centre en 1964, à laquelle avait également assisté la reine Elizabeth II. L'événement s'était conclu par une émission de variétés réunissant de grandes vedettes.

En assistant à la production théâtrale prisée du Centre, *Anne of Green Gables-The Musical*ᴹᴰ, Tom Symons a vu dans le spectacle un reflet de son pays, relate MacDonald. « [La comédie musicale] *Anne of Green Gables* mérite une bonne dose de réflexion en tant qu'expression de l'expérience canadienne et des valeurs canadiennes », a-t-il déclaré. « Son importance pour le pays dépasse le simple divertissement. »

Selon Edward MacDonald, Tom Symons et sa femme Christine s'intéressaient également à la Galerie d'art du Centre des arts de la Confédération, ce qui les incita à participer activement aux acquisitions, en faisant allusion à la collection comme étant « l'art pour le bien du Canada ».

Comme le relate Edward MacDonald dans *A Canadian Life,* l'intérêt que portait Tom Symons envers le Centre n'est pas passé inaperçu. En 1985, il était nommé au conseil d'administration du Groupe fiduciaire des édifices des Pères de la Confédération à titre de fiduciaire et de gouverneur national. Mais Tom Symons ne fut pas un membre ordinaire du Groupe fiduciaire. Il devint l'un des membres ayant le plus d'ancienneté en 2003, ce qui lui donna une perspective unique sur le mandat et la clientèle potentielle du Centre.

a perception among federal agencies, private donors, and the general public that the Confederation Centre was—or had become—just another regional arts centre" and that the Centre "was in itself in danger of forgetting what it was all about, that it had been conceived as a national shrine and constructed through a national effort."

MacDonald wrote that for various reasons, "metaphorically speaking, the centre seemed to have entered a mid-life crisis." Recognizing this, Symons was the main driver behind and chair of the Centre's National Vision Task Force. Created in 2003, the Task Force's mission was to recapture the concept of the Confederation Centre of the Arts "as a trans-Canadian National Memorial," one that would rekindle its relationships with all the Canadian provinces and territories, and restructure its support arrangements with the Government of Canada.

One pathway toward that objective was Symons' reasoning, as expressed in *Tom Symons—A Canadian Life*, that the Confederation Centre "should be the place where Canadians came together to talk about their country." The result was the inaugural "Thomas H. B. Symons Lecture on the State of Canadian Confederation," which took place in the Centre's Mainstage Theatre in November of 2004, featuring Symons's friend, Quebec Premier Jean Charest.

After nearly six decades, Tom Symons had himself become what Ed MacDonald described as "something of an institution in his summer haven," for which he was deeply appreciative. At the close of a long interview with MacDonald for *A Canadian Life*, Symons asked permission for a final statement: "If we're closing, I'd just like to end with the thought that my association with the Island has been one of the richest and most rewarding and happiest themes throughout the last 50 years of my life. It's taught me so much, given me so much: friendships, and experience, and visual pleasure and adventures. I'm very, very grateful to Prince Edward Island and its people."

Edward MacDonald a documenté l'histoire d'amour de Tom Symons avec l'Île, avec l'hôtel Shaw's et avec le Centre des arts de la Confédération en tant qu'institution canadienne d'importance. Symons se préoccupait du fait que « les organismes fédéraux, les donateurs privés et le grand public semblent percevoir le Centre des arts de la Confédération comme étant un centre des arts régional comme un autre », et que le Centre risquait « d'oublier sa vraie raison d'être, celle d'un sanctuaire ayant un mandat national, construit dans le cadre d'un effort national ».

Pour diverses raisons, écrit Edward MacDonald, « le Centre semblait vivre une certaine crise d'identité, métaphoriquement parlant ». Conscient de cette réalité, Tom Symons s'affaire à mener et présider le groupe de travail sur la vision nationale du Centre. Créé en 2003, le groupe de travail a pour mission de repenser le concept du Centre des arts de la Confédération à titre de « monument commémoratif national transcanadien », un concept qui doit raviver les relations avec les provinces et les territoires du Canada et restructurer les ententes de soutien auprès du gouvernement fédéral.

Pour atteindre cet objectif, le raisonnement de Symons, tel qu'exprimé dans *Tom Symons: A Canadian Life*, est que le Centre des arts de la Confédération « devrait demeurer l'endroit où les Canadiens et Canadiennes se réunissent pour discuter de leur pays ». La suite logique de ce raisonnement est la « Conférence inaugurale Thomas H. B. Symons sur l'état de la Confédération canadienne », qui a lieu sur la scène principale du théâtre du Centre en novembre 2004. Le premier ministre du Québec Jean Charest, un ami de Tom Symons, présente la première causerie.

Six décennies après son arrivée, Tom Symons était lui-même devenu, selon la description d'Ed MacDonald, « une sorte d'institution dans son havre d'été », ce dont il était profondément reconnaissant. En terminant une longue entrevue avec MacDonald pour le livre *A Canadian Life*, Symons a souhaité faire une dernière déclaration : « En conclusion, j'aimerais terminer avec la pensée que mon association avec l'Île est l'un des thèmes les plus riches, les plus gratifiants et les plus heureux des 50 dernières années de ma vie. Elle m'a tellement appris, elle m'a apporté tant de choses : des amitiés, de l'expérience, des aventures et un baume pour mes yeux. Je voue une reconnaissance infinie à l'Île-du-Prince-Édouard et ses habitants. »

Symons at the lectern during the ceremony dedicating Shaw's Hotel, Brackley Beach, as a national historic site of Canada, 2004.

Tom Symons à la cérémonie de reconnaissance de l'hôtel Shaw's à titre de lieu historique national du Canada, Brackley Beach, 2004.

Symons the teacher, the Vanier Seminar, during the 1990s.

Tom Symons dans son rôle d'enseignant au Séminaire Vanier dans les années 1990.

Tom Symons (centre) with Quebec Premier Jean Lesage (left), and Ontario Premier Jason Robarts at the cornerstone laying ceremony for Champlain College, October 20, 1965.

Tom Symons (au centre) accompagné du premier ministre du Québec Jean Lesage (à gauche) et du premier ministre de l'Ontario John Robarts à la pose de la première pierre du collège Champlain, le 20 octobre 1965.

"[...] my association with the Island has been one of the richest and most rewarding and happiest themes throughout the last 50 years of my life. It's taught me so much, given me so much: friendships, and experience, and visual pleasure and adventures. I'm very, very grateful to Prince Edward Island and its people."

« [...] j'aimerais terminer avec la pensée que mon association avec l'Île est l'un des thèmes les plus riches, les plus gratifiants et les plus heureux des 50 dernières années de ma vie. Elle m'a tellement appris, elle m'a apporté tant de choses : des amitiés, de l'expérience, des aventures et un baume pour mes yeux. Je voue une reconnaissance infinie à l'Île-du-Prince-Édouard et ses habitants. »

Symons as chair of the Commission on Canadian Studies, 1972 (Roy Nichols).

Tom Symons à la présidence de la Commission sur les études canadiennes, 1972 (Roy Nichols).

1964

OFFICIAL OPENING – CONFEDERATION CENTRE OF THE ARTS
INAUGURATION OFFICIELLE – CENTRE DES ARTS DE LA CONFÉDÉRATION

The advent of the Confederation Centre of the Arts dramatically altered the landscape of downtown Charlottetown, but on the date of its official opening on October 6, 1964, it also contributed greatly to altering the typical Island stereotypes of "the million-acre farm," car ferries, lobster fishers, farmers hauling potatoes, and a fictional red-haired heroine famous the world over.

Basking in the Confederation Centre Theatre's bright lights, the Prince Edward Island Centennial Committee's Royal Variety Performance attracted the attention of Her Majesty Queen Elizabeth II, the crème-de-la-crème of the Canadian performing arts, and other dignitaries and citizens, as the City of Charlottetown was thrust onto the Canadian cultural scene in a manner that no one, save the key founding figures of Frank MacKinnon and Eric Harvie, could have ever imagined.

With its sprawling indoor concourses and exterior plazas, Memorial Hall, the high-ceilinged Confederation Centre Art Gallery and Museum, and particularly its glistening new state-of-the-art theatre, the Centre's emergence was summed up perfectly by the renowned Toronto Star theatre critic Nathan Cohen, who wrote: "Something wonderful has happened in Charlottetown [...] a symbol of genuine national meaning has been created."

La création du Centre des arts de la Confédération a complètement transformé le paysage du centre-ville de Charlottetown. Son inauguration officielle, le 6 octobre 1964, a également contribué à modifier les images stéréotypées de l'Île : « la ferme d'un million d'acres », les traversiers, les pêcheurs de homard, les agriculteurs transportant des pommes de terre et l'orpheline fictive aux cheveux roux connue dans le monde entier.

Brillant sous les feux des projecteurs du théâtre du Centre des arts de la Confédération, la Royal Variety Performance du Comité du centenaire de l'Île-du-Prince-Édouard attira l'attention de Sa Majesté la reine Elizabeth II, des plus grands artistes de la scène du Canada, ainsi que d'autres dignitaires et citoyens. La Ville de Charlottetown se voyait ainsi propulsée sur la scène culturelle canadienne d'une manière que personne, mis à part les fondateurs principaux, Frank MacKinnon et Eric Harvie, n'aurait imaginée.

Le Centre des arts de la Confédération comporte de vastes halls intérieurs et places publiques extérieures, le Memorial Hall, les salles hautes de plafond de la Galerie et du musée d'art, et un nouveau théâtre à la fine pointe de la technologie. Le célèbre critique de théâtre du *Toronto Star*, Nathan Cohen, résume parfaitement ce que représente l'émergence du Centre lorsqu'il écrit : « Quelque chose de merveilleux s'est produit à Charlottetown [...] la création d'un symbole d'une véritable signification nationale. »

2002

NATIONAL HISTORIC SITE DESIGNATION
LA DÉSIGNATION COMME LIEU HISTORIQUE NATIONAL

The Confederation Centre of the Arts was designated a national historic site of Canada in 2002, because as one of a number of cultural complexes built in the 1960s and 1970s in Canada, and as a memorial to the Fathers of Confederation, it is an outstanding example of a national institution dedicated to the performing arts. When it was constructed in 1964, it was highly innovative in its stage design and acoustics, featured state-of-the-art lighting and construction techniques, and is a distinguished embodiment of brutalist architecture in Canada, which, for its era, is well integrated into the city.

The Confederation Centre of the Arts was built with the intent to inspire Canadians, through heritage and the arts, to celebrate the origins and development of Canada as a nation.

The key character-defining element that contributes to the heritage nature of this site is its prominent location adjacent to Province House. (Source: Historic Sites and Monuments Board of Canada, Minutes, Dec. 2002.)

Le Centre des arts de la Confédération est désigné lieu historique national du Canada en 2002 pour les raisons suivantes : il compte parmi un nombre de complexes culturels construits dans les années 1960 et 1970 au Canada, il est un monument commémoratif des Pères de la Confédération, et il est un exemple remarquable d'institution nationale vouée aux arts de la scène. Lors de sa construction en 1964, le bâtiment est très innovateur par la conception de sa scène, son acoustique, son éclairage moderne et sa technique de construction. Il est une très belle incarnation de l'architecture brutaliste canadienne, et pour son époque, il est très bien intégré dans la ville.

La construction du Centre des arts de la Confédération visait à inspirer les Canadiens et Canadiennes, au moyen du patrimoine et des arts, à commémorer les origines et le développement du Canada en tant que pays.

L'élément caractéristique qui contribue à la valeur patrimoniale de ce site est son excellent emplacement à côté de Province House, au cœur du centre-ville. (Source : Procès-verbal de la Commission des lieux et monuments historiques du Canada, décembre 2002.)

2004

ADVENT OF THE SYMONS MEDAL
LA CRÉATION DE LA MÉDAILLE SYMONS

Beginning with the award of the first Symons Medal to the Honourable Jean Charest in 2004, the Symons Medal Presentation and Lecture on the State of Canadian Confederation has provided an exceptional national platform for distinguished Canadians to discuss the current state and future prospects of Confederation, and offer all Canadians an opportunity to reflect upon their country and its journey.

Depuis la première remise de la médaille Symons à l'honorable Jean Charest en 2004, la remise de la médaille et la causerie Symons sur l'état de la Confédération canadienne représentent une plate-forme nationale exceptionnelle permettant à de distingués invités canadiens de discuter de la situation actuelle de la confédération et de son avenir, et invitant la population canadienne à réfléchir à son pays et à envisager son avenir.

2014

50TH ANNIVERSARY OF CONFEDERATION CENTRE OF THE ARTS
50E ANNIVERSAIRE DU CENTRE DES ARTS DE LA CONFÉDÉRATION

"The [Confederation] Centre has given P.E.I. and Canada so much. I am honoured to not only chair the board, but also to have the opportunity to watch the Confederation Centre grow and move forward over the past five decades. I am convinced that Canadians will continue to cherish the Confederation Centre of the Arts as the place that embraces the creativity of Canadians and inspires pride in our country. The first 50 years have been fantastic. I am certain that the next five decades will be even more spectacular!"

Wayne Hambly, former chair of the Confederation Buildings Trust Board of Directors in the 2024 50th anniversary commemorative book, *The Centre for all Canadians – Five Decades of Inspiration and Excellence*.

« Le Centre [des arts de la Confédération] a tant donné à l'Î.-P.-É. et au Canada. J'ai le plaisir non seulement de présider le conseil d'administration, mais aussi d'être témoin de l'épanouissement du Centre des arts de la Confédération au cours des cinq dernières décennies. Je suis convaincu que les Canadiens et Canadiennes continueront de tenir le Centre des arts de la Confédération à cœur en tant que lieu valorisant la créativité de la population canadienne et inspirant la fierté de notre pays. Les 50 premières années ont été une expérience formidable. Je n'ai aucun doute que les cinq prochaines décennies seront encore plus spectaculaires ! »

Wayne Hambly, ancien président du conseil d'administration du Groupe fiduciaire des édifices des Pères de la Confédération, extrait du livre commémoratif du 50e anniversaire de 2024, *The Centre for all Canadians – Five Decades of Inspiration and Excellence*.

2024

TWENTY YEARS OF THE SYMONS MEDAL
VINGT ANS DE LA MÉDAILLE SYMONS

The purpose of the Symons Medal is to honour persons who have made an exceptional and outstanding contribution to Canadian life. The Symons Medal Presentation and Lecture provides a break from the noise of daily news and Canadians' busy lives to reflect upon their country. Although each medallist has done so in delivering their lecture using their own unique theme and in their own manner and style, their overarching assignment has been to speak to, then to engage with their audience in discussion on, the current state and future prospects of Confederation. They have delivered important addresses on Canada, Confederation, Canadian politics, Indigenous Canada, justice, international affairs, and other important topics in the Symons Medal setting, but also during other remarkable moments in their lives.

In remarks to the Canadian Club of Ottawa on February 5, 2013, the Right Honourable Beverley McLachlin, P.C., then Chief Justice of Canada, who was awarded the Symons Medal in 2008, spoke about the Canadian Constitution, saying that there was "nothing more fundamental to a nation than the constitution on which it is grounded [...] the constitution is the framework upon which the nation hangs. It defines the powers of the constituent elements, in our case, the federal government, the provinces and the courts. It also defines the relationship between the individual and the state. State power cannot

La médaille Symons vise à honorer des individus qui ont contribué de façon exceptionnelle à la vie au Canada. La remise de la médaille et la causerie Symons représentent une pause bienfaisante, à l'écart des actualités quotidiennes et du stress de la vie courante, qui offre aux Canadiens et Canadiennes une occasion de réfléchir à leur pays. Bien que chaque récipiendaire de la médaille prononce son discours en choisissant son propre thème, sa propre méthode et son propre style, sa tâche principale est de parler à son auditoire, puis d'engager une discussion avec son auditoire au sujet de la situation actuelle de la confédération et de son avenir. Dans le cadre des causeries de la médaille Symons, les lauréats ont prononcé des discours importants au sujet du Canada, de la Confédération, de la politique canadienne, du Canada autochtone, de la justice, des affaires internationales et d'autres sujets de premier plan, mais aussi au sujet de moments qui ont marqué leur vie.

Dans son allocution prononcée au Cercle canadien d'Ottawa le 5 février 2013, la très honorable Beverley McLachlin, C.P., alors juge en chef de la Cour Suprême du Canada, récipiendaire de la médaille Symons en 2008, a parlé de la Constitution canadienne, affirmant que « rien n'est plus fondamental pour une nation que la Constitution sur laquelle elle est basée [...] La Constitution est la fondation sur laquelle la nation repose. La Constitution répartit les povoirs, en l'occurrence entre le

be exercised, unless it conforms to the constitution. As such, the Constitution is the fundamental guarantee of legality."

Clearly, speaking about the Canadian Constitution was the core of McLachlin's address. But in her remarks, she unavoidably spoke about Confederation: "The canned version of Canadian Confederation is simple," she said. "In 1867, a few British-ruled colonies in the north eastern part of North America got together to form a country with its own Parliament and provincial Legislatures. Well, sort of a country, since ties to England remained firmly fixed both in culture and letter of the law."

McLachlin talked of what she described as a "more complicated" reality—essentially the need at the time to accommodate three diverse groups that signed the original Confederation pact—the English Canadians in Ontario, the French Canadians in Quebec, and the eastern colonies. Looking back, McLachlin said: "The new country was democratic [...] the new country was also federalist," and the new country's Constitution was animated by a third value, "respect for diversity and minorities."

"Deep linguistic and religious differences divided the country at its inception. Respect of differences and the equal worth of different cultures were radical ideas in 1867—an era when nation states defined themselves in terms of uniformity and fought wars to oust diversity. The new nation of Canada, uniting French-Catholic and Anglo-Protestant colonies, had no choice but to take a different course and accept diversity. Difference and the right to preserve difference were, quite simply, the price of unity. And continue to be, to this day."

"To recap," McLachlin told the Canadian Club, "Canada's first and defining moment, Confederation, grounded the nation in three values that were to prove lasting—democracy, federalism, and respect for difference and diversity."

gouvernement fédéral, les provinces et les tribunaux. Elle définit également les rapports entre le citoyen et l'État. Le pouvoir de l'État ne peut être exercé qu'en se conformant à la Constitution. Ainsi, la Constitution garantit fondamentalement la légalité. »

La Constitution canadienne était clairement au cœur de l'allocution de Beverley McLachlin. Mais dans ses remarques, elle a inévitablement parlé de la Confédération : « La définition usuelle de la Confédération canadienne est simple », a-t-elle déclaré. « En 1867, quelques colonies britanniques du nord-est de l'Amérique du Nord s'unissent pour former un pays doté de son propre Parlement et ses propres assemblées législatives provinciales. En fait, il s'agissait plus ou moins de former un pays, car le Canada demeurait fermement arrimé à l'Angleterre, tant dans la culture que dans la lettre de la loi. »

McLachlin a parlé de ce qu'elle décrivait comme une réalité « d'une grande complexité », essentiellement la nécessité à l'époque de concilier les intérêts de trois collectivités distinctes qui avaient signé le pacte initial de la Confédération, soit les Canadiens anglais de l'Ontario, les Canadiens français du Québec et les colonies de l'Est. Avec du recul, Beverley McLachlin a déclaré : « Le nouveau pays était démocratique. [...] Le nouveau pays était également fédéraliste », et la Constitution du nouveau pays était animée par une troisième valeur, « le respect de la diversité et des minorités ».

« À ses débuts, le pays était divisé par des différences linguistiques et religieuses. Le respect des différences et la reconnaissance de la valeur égale des diverses cultures constituaient des idées radicales en 1867, une époque où les États se définissaient par leur uniformité et entraient même en guerre pour exclure la diversité. La nouvelle nation canadienne, qui réunissait les colonies françaises catholiques et anglo-protestantes, n'avait d'autre choix que de tracer une voie nouvelle en acceptant la diversité. La différence et le droit de

During a range of interviews for this book, questions were posed to Symons medallists and other influencers in relation to the state of Confederation, and the role of the Confederation Centre of the Arts with regard to promoting nationhood. For example: in 2024, if Confederation was occurring today, what would it look like in terms of Indigenous Canada, women, minorities, etc.? There are 27 direct Symons medallists' quotations in this book (see p. 46–99) that speak through various forums to most or all these topics of Confederation—Indigenous Canada, women, minorities, the environment and climate change, Canada's economy, international trade, and Canada's role in the world.

From the interviews came firm views that the Confederation Centre's role in part is to serve as a stopping place to reflect upon the Canada of today through the arts, and increasingly, through heritage and educational programming.

Renowned Canadian historian Margaret MacMillan lamented that schools are not teaching Confederation, the education system being just one medium worthy of the Confederation dialogue. "There is a need to employ all forms of media to get the message out everywhere," she said, referring to how the National Arts Centre used communication and programming "to save itself."

Beverley McLachlin, again, believes that Canadians "need to consider our founding principles more acutely than ever before," and that there is a need for more historical discussion and writing regarding Canada's beginnings as a nation, "a need to develop a more thorough understanding of the trials we've been through and survived."

She spoke about the need to debate the balance of power between the provinces and the federal government as "a balance that is very delicate."

protéger la différence constituaient tout simplement le prix de l'unité. Et cela demeure vrai de nos jours. »

« Bref, la Confédération, le premier moment déterminant de l'histoire du Canada, a établi la nation sur trois valeurs qui se sont révélées durables, la démocratie, le fédéralisme et le respect des différences et de la diversité », a déclaré McLachlin au Cercle canadien.

Au cours d'une série d'entrevues pour le présent livre, les récipiendaires des médailles Symons et d'autres personnes influentes ont été interrogés sur l'état de la Confédération et le rôle du Centre des arts de la Confédération quant à la promotion de l'identité nationale. Voici un exemple des questions posées : « Si la Confédération devait avoir lieu aujourd'hui, en 2024, à quoi ressemblerait-elle en ce qui concerne le Canada autochtone, les femmes, les minorités, etc. ? » Le présent livre renferme 27 citations directes de médaillés Symons (voir p. 45–49) qui, par le biais de différents canaux, ont abordé les sujets suivants liés à la Confédération : le Canada autochtone, les femmes, les minorités, l'environnement et les changements climatiques, l'économie canadienne, le commerce international et le rôle du Canada dans le monde.

Les personnes interrogées ont partagé la conviction que le Centre des arts de la Confédération devait être en partie de lieu d'arrêt pour s'adonner à une réflexion sur le Canada d'aujourd'hui à travers les arts et, de plus en plus, par le biais de programmes patrimoniaux et pédagogiques.

La célèbre historienne canadienne Margaret MacMillan a déploré que les écoles n'enseignent pas la Confédération, le système d'éducation n'étant qu'un des supports dignes d'assurer un dialogue sur la Confédération. « Le besoin se fait sentir d'utiliser les différentes formes de médias à notre disposition pour faire passer le message partout », a-t-elle déclaré, faisant allusion à la manière dont le Centre national

"We live in difficult times with regard to rhetoric from the provinces. We are living through a crisis. There have always been tensions, but we need to pay greater attention to what is happening at this moment."

In a vein similar to what McLachlin believes—that Canadians "need to consider our founding principles more acutely than ever before"—most interviewees agree that the Confederation Centre of the Arts also needs to return to the core values that gave it birth in 1964, but to do so with an understanding of the future.

Tom Symons himself is seen weighing in on the future of Canada through his record, "A Race Against Time" (*The Place of History: Commemorating Canada's Past,* edited by Thomas H. B. Symons, Ottawa: Historic Sites and Monuments Board and the Royal Society of Canada, 1997).

Tom Symons—A Canadian Life editor Ralph Heintzman referred to the foregoing when he wrote that Symons argued that Canadians are now in a "race against time," a race "that we are not currently winning [...] a race against cultural amnesia" and "rampant me-firstism," against the "mad rush and uncertainty of technological change," "the abandonment of values," and the "atomization of what was once shared as a community of beliefs." Heitzman continued to reiterate and reflect on Symons' words: "In these circumstances," observed Symons, "it is difficult to know who we are and to decide what matters," with Canadian society finding itself "engaged in a perilous balancing act" between memory and forgetfulness, between continuity and discontinuity, between preservation and loss, between the past and the future. If Canadians do not "soon rediscover our sense of history and our sense of purpose," they risk falling into a "rootless condition like the tumbleweed."

As for the state of Confederation, and the state of the Confederation Centre of the Arts, the need for Canadians to rediscover their sense

des Arts utilise la communication et la programmation pour « assurer sa survie ».

Beverley McLachlin croit que les Canadiens et Canadiennes « doivent se pencher sur leurs principes fondateurs comme jamais auparavant », et qu'ils doivent écrire et discuter davantage sur l'histoire et les débuts du Canada en tant que nation. « Il faut acquérir une compréhension plus approfondie des épreuves que nous avons traversées et auxquelles nous avons survécu. »

Elle parle de la nécessité de relancer le débat sur l'équilibre des pouvoirs entre les provinces et le gouvernement fédéral, « un équilibre qui s'avère être très délicat ».

« Nous vivons une période difficile en ce qui concerne la rhétorique qui se dégage des provinces. Nous traversons une crise. Il y a toujours eu des tensions, mais nous devons prêter une attention accrue aux circonstances actuelles. »

Allant dans le même sens que McLachlin, qui croit que la population canadienne « doit se pencher sur ses principes fondateurs comme jamais auparavant », la plupart des personnes interrogées conviennent que le Centre des arts de la Confédération devrait également revenir aux valeurs fondamentales établies lors de son inauguration en 1964, tout en se tournant vers l'avenir.

Tom Symons s'est exprimé par écrit sur l'avenir du Canada dans « A Race Against Time », *Les lieux de la mémoire : la commémoration du passé au Canada*, sous la direction de Thomas H. B. Symons, Ottawa, Société historique du Canada, 1997.

Dans *Tom Symons: A Canadian Life*, Ralph Heintzman (dir.) évoque ce qui précède en écrivant que Tom Symons faisait valoir que les

of history and sense of purpose goes on. On the point of the Centre specifically and how it can contribute to the these challenges, much research and dialogue have been undertaken since the origin in 2003 of the Centre's National Vision Task Force and the subsequent emergence of the Symons Medal and Lecture.

Most recently, for example, in 2022, the global consulting practice Lord Cultural Resources was engaged to assist the Confederation Centre's leadership in coming to terms with the future. In her report *Renewing the National Role of the Confederation Centre of the Arts,* principal Gail Lord wrote that the sustainability of the Centre depends on its national role, and about being aware and active with regard to what constitutes—as she described it—"The Changing Cultural Landscape of the Future: Heritage and Archeology, Museums and Galleries, Festivals and Events, Public Spaces and Parks, the Performing Arts, Educational Institutions, Traditions, Folklore and the Literary Arts." the Confederation Centre of the Arts, it has been concluded, is fundamentally all these things, yet with a hunger to do more.

According to the Lord report, there is a need to be relevant to the future cultural landscape, and a need to be collaborative, caring, culturally relevant, and inclusive. These are all elements that the Centre is addressing as it evolves. Key to Lord's message is that the Centre should continue to "engage artists, thought leaders and the public in the spirit of an evolving Canada."

As a result of all the continuing research and dialogue, the leadership of the Confederation Centre has established that as a national historic site, "the Centre has a responsibility to reflect the many identities in an evolving nation through arts and heritage programming, to understand and share the truth about all aspects of Canadian Confederation, and to contribute to reconciliation by acting as a convenor of voices."

Canadiens et Canadiennes se trouvent maintenant dans une « course contre la montre », une course « dans laquelle nous ne nous alignons pas pour être vainqueurs, [...] une course contre l'amnésie culturelle » et le « moi-d'abord généralisé », contre « la ruée folle et l'incertitude du changement technologique [...] l'abandon des valeurs [et] l'atomisation de ce qui était autrefois partagé dans le cadre d'une communauté de croyances ». Ralph Heitzman réitère et réfléchit aux paroles de Tom Symons : « Dans ces circonstances », observe Symons, « nous avons de la difficulté à savoir qui nous sommes et quelles sont nos valeurs ». La société canadienne se retrouve « engagée dans un exercice d'équilibre périlleux » entre la mémoire et l'oubli, entre la continuité et la discontinuité, entre la préservation et la perte, entre le passé et l'avenir. Si les Canadiens et Canadiennes « ne redécouvrent pas bientôt le sens de leur histoire et leur raison d'être », ils risquent de tomber dans un « état sans racines comme des boules d'herbes virevoltantes ».

Pour ce qui est de l'état de la Confédération et de la situation du Centre des arts de la Confédération, la nécessité pour la population canadienne de redécouvrir le sens de son histoire et sa raison d'être est d'autant plus pressante. En ce qui concerne la contribution du Centre face à ces défis, elle a fait l'objet d'un grand nombre de recherches et de dialogues dans le cadre des activités du Groupe de travail de la vision nationale du Centre fondé en 2003 et des causeries de la médaille Symons qui ont été créées par la suite.

Plus récemment, en 2022, les dirigeants du Centre des arts de la Confédération ont retenu les services du cabinet de consultation mondial Lord Cultural Resources pour les aider à affronter l'avenir. Dans le rapport de la directrice Gail Lord intitulé *Renewing the National Role of the Confederation Centre of the Arts* [Renouveler le rôle national du Centre des arts de la Confédération], elle écrit que la durabilité du Centre pourrait être assurée s'il maintient son rôle national et s'il se concentre sur la prise de conscience et la poursuite des activités à l'égard de ce qui

"the Centre has a responsibility to reflect the many identities in an evolving nation through arts and heritage programming, to understand and share the truth about all aspects of Canadian Confederation, and to contribute to reconciliation by acting as a convenor of voices."

« le Centre a la responsabilité de refléter les nombreuses identités d'une nation en évolution dans le cadre de ses programmes artistiques et patrimoniaux, de comprendre et de partager la vérité sur les différents aspects de la Confédération canadienne, et de contribuer au processus de réconciliation en permettant à chacun de se faire entendre ».

Gail Lord, *Renewing the National Role of Confederation Centre of the Arts*, 2022.

Gail Lord, *Renouveler le rôle national du Centre des arts de la Confédération*, 2022.

constitue, comme elle l'a décrit, « le paysage culturel changeant de l'avenir, soit le patrimoine et l'archéologie, les musées et les galeries, les festivals et les événements, les espaces publics et les parcs, les arts de la scène, les établissements d'enseignement, les traditions, le folklore et les arts littéraires ». Elle conclut en notant que le Centre des arts de la Confédération offre essentiellement tout cela, tout en manifestant un désir d'en faire davantage.

Selon le rapport Lord, le Centre doit préserver sa pertinence dans le paysage culturel de l'avenir et demeurer collaboratif, attentif, culturellement pertinent et inclusif. Le Centre s'applique à aborder ces questions à mesure qu'il évolue. L'élément clé du message de Lord est celui-ci : « le Centre devrait continuer à mobiliser les artistes, les leaders d'opinion et le public dans un esprit qui reflète le Canada, un pays en évolution. »

À la suite des recherches et du dialogue continus, les dirigeants du Centre des arts de la Confédération ont établi qu'en tant que lieu historique national, « le Centre a la responsabilité de refléter les nombreuses identités d'une nation en évolution dans le cadre de ses programmes artistiques et patrimoniaux, de comprendre et de partager la vérité sur les différents aspects de la Confédération canadienne, et de contribuer au processus de réconciliation en permettant à chacun de se faire entendre ».

The Symons Medallists

Les récipiendaires
de la médaille Symons

2004–2024

CENTRE DES ARTS   CONFEDERATION
DE LA CONFÉDÉRATION   CENTRE OF THE ARTS

Named for Professor Thomas H. B. Symons, the Symons Medal is presented annually by the Confederation Centre of the Arts to honour persons who have made an exceptional and outstanding contribution to Canadian life. This recognition is in keeping with the mandate of the Confederation Centre of the Arts—to inspire Canadians to celebrate, through heritage and the arts, the founding and the evolution of Canadian Confederation.

Each Symons medallist is invited to deliver a lecture in the fall, marking the meetings of the Charlottetown Conference, held in September of 1864. These are important interludes for all Canadians to reflect upon their country. Over the past 20 years, recipients' specific themes and stories have varied widely, conveying lessons learned, observations and opinions that typically reflect their backgrounds and experiences in business, science, the arts, academia, politics, and life. The overarching intended topic, however, is the current state and future prospects of Confederation.

These pages memorialize the first 27 Symons medallists through a précis of their respective roles, influence, and impact on their nation; the retelling of thoughts and visions as expressed during their Symons Lecture or through their public life; and by sharing important moments of their lives through photography.

For readers interested in additional biographical details about each of the Symons medallists, please refer to: confederationcentre.com/heritage/symons-medal-lecture/. All known/identifiable photo credits are found in the Photo Credits bibliography.

Chaque année, le Centre des arts de la Confédération décerne la médaille Symons, nommée en l'honneur du professeur Thomas H. B. Symons, afin de reconnaître des individus qui ont contribué de façon exceptionnelle à la vie canadienne. Cette marque de reconnaissance est conforme au mandat du Centre des arts de la Confédération, soit d'inspirer les Canadiens et Canadiennes à célébrer l'établissement et l'évolution de la Confédération canadienne par l'entremise du patrimoine et des arts.

On invite chaque récipiendaire de la médaille Symons à participer à une causerie à l'automne afin de commémorer les rencontres de la Conférence de Charlottetown tenues en septembre 1864. Il s'agit d'intermèdes importants qui donnent l'occasion aux Canadiens et Canadiennes de réfléchir à leur pays. Au cours des 20 dernières années, les récipiendaires ont présenté une vaste gamme de thèmes et d'histoires, transmettant des leçons apprises, des observations et des opinions qui reflètent généralement leurs antécédents et leurs expériences dans les domaines des affaires, des sciences, des arts, du milieu universitaire, de la politique et de la vie en général. Le thème global demeure cependant l'état actuel de la Confédération et ses perspectives.

Les pages qui suivent commémorent les 27 premiers récipiendaires de la médaille Symons en présentant rapidement leur rôle, leur influence et leur impact sur la nation, en rappelant les pensées et la vision exprimées lors de leur causerie Symons ou dans le cadre de leur vie publique, et en partageant des moments importants de leur vie à travers des images.

Les lecteurs et lectrices qui désirent en savoir davantage sur la biographie des récipiendaires de la médaille Symons sont priés de consulter le site confederationcentre.com/fr/heritage/symons-medal. Veuillez consulter la bibliographie pour obtenir les références photographiques connues ou identifiables.

The Honourable / L'honorable
JEAN CHAREST
2004 Symons Medallist / Médaillé Symons 2004

Jean Charest is one of Canada's best-known political figures. First elected to the House of Commons in 1984 at age 28, he became Canada's youngest cabinet minister as minister of state for Youth. In 1994, he was chosen to be leader of the federal Progressive Conservative Party. In 1998, he became the leader of the Quebec Liberal Party. He then won three consecutive elections in 2003, 2007, and 2008.

Jean Charest est l'une des personnalités politiques les mieux connues au Canada. Élu pour la première fois à la Chambre des communes en 1984 à l'âge de 28 ans, Jean Charest devient le plus jeune ministre du Cabinet de l'Histoire du Canada à titre de ministre d'État à la Jeunesse. En 1994, il est nommé chef du Parti progressiste-conservateur fédéral. En 1998, il devient chef du Parti libéral du Québec. Il remporte ensuite trois campagnes électorales consécutives en 2003, 2007 et 2008.

CENTRE DES ARTS
DE LA CONFÉDÉRATION
CONFEDERATION
CENTRE OF THE ARTS

P.E.I. premier Pat Binns (left), Prime Minister Paul Martin, and Quebec premier Jean Charest share a laugh at a news conference in Ottawa, January 30, 2004.

Le premier ministre de l'Î.-P.-É. Pat Binns (à gauche), le premier ministre du Canada Paul Martin et le premier ministre du Québec Jean Charest rient ensemble lors d'une conférence de presse, Ottawa, le 30 janvier 2004.

Former Quebec premier Jean Charest, his wife, Michèle Dionne (left) and their daughter Alexandra (right) as the Quebec Liberal Party honours him at the Liberal leadership convention in Montreal, March 16, 2013.

L'ancien premier ministre du Québec Jean Charest, accompagné de sa femme, Michèle Dionne (à gauche), et de leur fille Alexandra (à droite), reçoit un hommage du Parti libéral du Québec au congrès à la direction du Parti libéral, Montréal, le 16 mars 2013.

The Duchess of Cambridge looks on as Quebec Premier Jean Charest eats an hors d'œuvre that she prepared during a visit to the Institut de tourisme et d'hôtellerie du Québec, Montréal, July 2, 2011.

La duchesse de Cambridge regarde le premier ministre du Québec, Jean Charest, déguster un hors-d'œuvre qu'elle a préparé lors d'une visite à l'Institut de tourisme et d'hôtellerie du Québec, Montréal, le 2 juillet 2011.

"You can't let the debate of the day mask the fact that Canadians care deeply about their country. Including Quebecers [...] Quebecers care deeply about their country. The idea of Canada and its unity is not something that is set in stone forever, or that is solved. We need to always work towards building this country."

« Le débat de l'heure ne devrait jamais masquer le fait que les Canadiens et Canadiennes attachent une grande importance à leur pays. Cela inclut aussi les Québécois et Québécoises [...] Le peuple québécois se soucie profondément de son pays. L'idée du Canada et de l'unité canadienne n'est pas gravée dans le marbre, et il ne s'agit pas d'un enjeu résolu. Nous devons continuer à bâtir notre pays. »

French president Nicolas Sarkozy (right) and Quebec premier Jean Charest hug after speaking to members of Quebec's National Assembly, Québec City, October 17, 2008.

Le président français Nicolas Sarkozy (à droite) et le premier ministre du Québec Jean Charest s'étreignent après s'être adressés aux députés de l'Assemblée nationale du Québec, Québec, le 17 octobre 2008.

Quebec premier Jean Charest points toward the Opposition as he answers questions over the Old Harry petroleum field, at the National Assembly, Québec City, March 24, 2011.

Le premier ministre du Québec, Jean Charest, pointe en direction de l'opposition en répondant aux questions sur le gisement pétrolier Old Harry à l'Assemblée législative, Québec, le 24 mars 2011.

ROY MCMURTRY

2005 Symons Medallist / Médaillé Symons 2005

Elected to the Ontario legislature in 1975, Roy McMurtry was immediately named that province's Attorney General, serving in that position until 1985, during which time he was deeply involved in the patriation of the Canadian Constitution. In 1985, he was appointed Canada's High Commissioner to United Kingdom, and in 1991, Associate Chief Justice of the Superior Court and then the Court's Chief Justice. In 1996, he was appointed Chief Justice of Ontario.

Élu à l'Assemblée législative de l'Ontario en 1975, Roy McMurtry est immédiatement nommé procureur général de la province, poste qu'il occupe jusqu'en 1985, et période au cours de laquelle il participe activement au rapatriement de la Constitution canadienne. En 1985, il est nommé haut-commissaire du Canada au Royaume-Uni et, en 1991, juge en chef adjoint de la Cour supérieure, puis juge en chef de cette Cour. En 1996, il est nommé juge en chef de l'Ontario.

Federal Energy minister Jean Chrétien (right), former Saskatchewan attorney general Roy Romanow (centre), and Ontario Attorney General Roy McMurtry gathered in the kitchen in McMurtry's Toronto offices, November 22, 1983. It was the first time the three had united since their famous kitchen conference in Ottawa's convention centre two years previous, paving the way for the provinces and the federal government to agree on the format of Canada's Constitution.

Le ministre fédéral de l'Énergie, Jean Chrétien (à droite), l'ancien procureur général de la Saskatchewan, Roy Romanow (au centre), et le procureur général de l'Ontario, Roy McMurtry, réunis dans la cuisine des bureaux de McMurtry à Toronto, le 22 novembre 1983. Il s'agissait de la première rencontre des trois hommes depuis leur célèbre conférence dans la cuisine du Centre des congrès d'Ottawa deux ans plus tôt, ouvrant la voie aux provinces et au gouvernement fédéral pour convenir d'un format pour la Constitution du Canada.

Ontario Chief Justice Roy McMurtry addresses a meeting as judges met to deliver their reports on the work of their courts, Toronto, January 10, 2000.

Le juge en chef de l'Ontario, Roy McMurtry, s'adresse aux juges réunis pour présenter leurs rapports sur le travail de leurs tribunaux, Toronto, le 10 janvier 2000.

"Chrétien, Roy Romanow, and myself were not only members of different political parties, we represented three different areas of the country, and three different language and cultural segments. I'm not sure that it could happen today."

« Chrétien, Roy Romanow et moi-même n'étions pas seulement membres de différents partis politiques, mais nous représentions aussi trois différentes régions du pays et trois segments linguistiques et culturels différents. Je doute que cela puisse se reproduire aujourd'hui. »

Roy McMurtry at his Osgood Hall law office on his last day as Ontario chief justice before forced retirement at the age of 75, Toronto, May 30, 2007.

Roy McMurtry, la journée avant de prendre sa retraite obligatoire en tant que juge en chef de l'Ontario à l'âge de 75 ans, au cabinet d'avocats d'Osgoode Hall, Toronto, le 30 mai 2007.

Retiring Chief Justice of the Ontario Court of Appeal Roy McMurtry with a maquette (*The Pillars of Justice*) dedicated in his honour, February 22, 2007.

Le juge en chef de la Cour d'appel de l'Ontario, Roy McMurtry, à l'approche de sa retraite, tenant une maquette de la sculpture *Piliers de la justice* dédiée en son honneur, le 22 février 2007.

Former Saskatchewan premier Roy Romanow, former prime minister of Canada Jean Chrétien, and former chief justice of Ontario Roy McMurtry (left to right) as they are honoured for the roles they played in the patriation of the Canadian Constitution 30 years ago, at the Institute on Governance at the Modern Makers of Canada Awards dinner, Ottawa, December 10, 2012.

L'ancien premier ministre de la Saskatchewan Roy Romanow, l'ancien premier ministre du Canada Jean Chrétien et l'ancien juge en chef de l'Ontario Roy McMurtry (de gauche à droite) alors qu'ils sont honorés pour leur rôle clé dans le rapatriement de la Constitution canadienne 30 ans plus tôt, à l'Institut sur la gouvernance, lors de la remise du prix des Bâtisseurs du Canada moderne, Ottawa, le 10 décembre 2012.

MARK STAROWICZ

2006 Symons Medallist / Médaillé Symons 2006

Under Mark Starowicz's leadership, the CBC documentary production unit produced highly influential current affairs programs and documentaries. He received a Lifetime Artistic Achievement Award during the 2006 Governor General's Performing Arts Awards. Starowicz's career includes the CBC Radio programs *As It Happens* and *Sunday Morning*, and CBC TV's *The Journal*. His work has been hailed by critics worldwide and is used in many journalism schools.

Sous la direction de Mark Starowicz, le service de production de documentaires de CBC a réalisé des émissions d'actualité et des documentaires très influents. En 2006, il a reçu un Prix de la réalisation artistique pour sa contribution aux arts lors des Prix du Gouverneur général pour les arts du spectacle en 2006. Au cours de sa carrière, Starowicz a œuvré aux émissions *As It Happens* et *Sunday Morning* de CBC Radio et *The Journal* de CBC TV. Son travail a été salué par la critique dans le monde entier et a été utilisé dans de nombreuses écoles de journalisme.

Mark Starowicz with his Gordon Sinclair Award for Broadcast Journalism at the Academy of Canadian Cinema and Television ceremonies, Toronto, March 13, 2016.

Mark Starowicz tenant son prix Gordon-Sinclair pour le journalisme radiodiffusé remis lors des cérémonies de l'Académie canadienne du cinéma et de la télévision, Toronto, le 13 mars 2016.

Mark Starowicz in his Canadian Broadcasting Corporation office marking his retirement from the public broadcaster, July 30, 2015.

Mark Starowicz dans son bureau de Radio-Canada à l'occasion de sa retraite du radiodiffuseur public, le 30 juillet 2015.

"There's a persistent idea that Canadians aren't interested in their own stories. I've made a living proving that isn't true."

« On persiste à croire que les Canadiens et Canadiennes ne s'intéressent pas à leur propre histoire. J'ai consacré ma vie à prouver le contraire. »

Caitlin Starowicz with Mark Starowicz, the father-daughter team that directed *Rebellion*, a documentary for David Suzuki's *The Nature of Things*, which follows the energy and impact of young climate activists Greta Thunberg, Sophia Mathur, and Jerome Foster.

Caitlin Starowicz et Mark Starowicz forment l'équipe père-fille à la direction de *Rebellion*, un documentaire dans le cadre de l'émission *The Nature of Things* de David Suzuki qui suit la trace des jeunes militants pour le climat Greta Thunberg, Sophia Mathur et Jerome Foster, se penchant sur leur énergie et leur impact.

Documentary filmmaker Mark Starowicz, with Director of Photography Hans Vanderzande, follows a series of clues to reveal the remarkable truth in *The Mystery of the Bell*, which aired on CBC, April 10, 2014, and traced the history of the "Bell of Batoche," which was stolen by Ontario soldiers in the 1885 North-West Rebellion.

Le documentariste Mark Starowicz, à côté du directeur de la photographie Hans Vanderzande, recueille des indices à la recherche de la vérité pour le documentaire *The Mystery of the Bell*, diffusé par la CBC le 10 avril 2014, retraçant l'histoire de la « cloche de Batoche », volée par des soldats ontariens lors de la rébellion du Nord-Ouest de 1885.

The Honourable / L'honorable

PETER LOUGHEED

2007 Symons Medallist / Médaillé Symons 2007

Peter Lougheed led the Alberta Progressive Conservative Party to win the 1971 provincial election, taking 49 of the 75 legislative seats. He went on to lead his party to victory in three more successive elections. His government created the Alberta Heritage Savings Trust Fund in 1976 to save a portion of the revenue from its depleting non-renewable resources in order to provide a legacy for future generations of Albertans.

Peter Lougheed, chef du Parti progressiste-conservateur de l'Alberta, a mené son parti à la victoire lors de l'élection provinciale de 1971, remportant 49 des 75 sièges législatifs. Il a ensuite mené son parti à la victoire lors de trois autres élections successives. En 1976, son gouvernement crée le Fonds du patrimoine de l'Alberta (Heritage Savings Trust Fund) pour permettre aux générations futures de l'Alberta de profiter de l'abondante richesse des ressources non renouvelables.

Prime Minister of Canada Pierre Elliott Trudeau (right) and premier of Alberta Edgar Peter Lougheed at a news conference to announce an oil pricing agreement, September 1, 1981.

Le premier ministre de l'Alberta Edgar Peter Lougheed en compagnie du premier ministre du Canada Pierre Elliott Trudeau lors d'une conférence de presse pour annoncer un accord sur le prix du pétrole, le 1er septembre 1981.

Former Alberta premier Peter Lougheed (left) and former federal cabinet minister Donald Macdonald hold a news conference, Toronto, October 8, 1987.

L'ancien premier ministre de l'Alberta Peter Lougheed (à gauche) et l'ancien ministre fédéral Donald Macdonald tenant une conférence de presse à Toronto, le 8 octobre 1987.

Alberta premier Peter Lougheed (right) is pictured with seven other provincial premiers at a news conference where they endorsed an accord for changes to the federal government's proposed constitution, Ottawa, April 16, 1981.

Le premier ministre de l'Alberta, Peter Lougheed (à droite), avec sept autres premiers ministres provinciaux lors d'une conférence de presse soulignant leur appui à l'accord modifiant le projet de constitution proposé par le gouvernement fédéral, Ottawa, le 16 avril 1981.

"We got Albertans to think as Canadians [...] we thought of ourselves nationally and we contributed nationally—not just in public life and in government but we contributed in a multitude of other ways—the arts and culture and sports, in writing and business and science. All of those were contributions by Albertans into Canada."

« Nous avons amené les gens de l'Alberta à se croire Canadiens et Canadiennes d'abord [...] Nous nous sommes considérés dans le contexte national et nous avons contribué à l'échelle nationale - non seulement dans la vie publique et au gouvernement, mais aussi de diverses manières - dans les arts, la culture et les sports, dans l'écriture, les affaires et les sciences. Les Albertains et Albertaines ont contribué à toutes ces choses au Canada. »

Alberta premier Peter Lougheed looks over at Princess Diana as she claps for the Canadian team as they pass the royal box during the opening ceremonies of the Universiade, Edmonton, July 1, 1983.

Le premier ministre de l'Alberta, Peter Lougheed, se tourne vers la princesse Diana qui applaudit l'équipe canadienne lors de la cérémonie d'ouverture de l'Universiade, Edmonton, le 1er juillet 1983.

Former Alberta premier Peter Lougheed poses with Whistlers Mountain and Beauvert Lake in the background, Jasper National Park, May 3, 1992.

L'ancien premier ministre de l'Alberta, Peter Lougheed, devant la montagne de Whistler et le lac Beauvert au parc national Jasper, le 3 mai 1992.

JOHN CROSBIE

2007 Symons Medallist / Médaillé Symons 2007

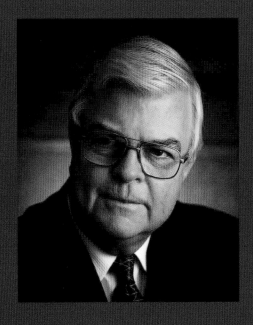

John Crosbie was elected to the Newfoundland and Labrador International Assembly in 1966, later unsuccessfully challenging Premier Joey Smallwood in a party leadership test. Crosbie held several senior cabinet portfolios under Premiers Smallwood and Frank Moores. He was elected to Canada's House of Commons in 1976, serving in several cabinet portfolios during the Progressive Conservative (PC) governments of Joe Clark and Brian Mulroney, including as finance minister and as justice minister.

John Crosbie est élu à l'Assemblée législative de Terre-Neuve-et-Labrador en 1966, puis il se présente sans succès à la direction du parti contre le premier ministre Joey Smallwood. Crosbie occupe plusieurs portefeuilles ministériels d'importance au sein du gouvernement du premier ministre Frank Moores. Il est élu à la Chambre des communes en 1976, où on lui attribue plusieurs portefeuilles clés dans les gouvernements progressifs-conservateurs de Joe Clark et de Brian Mulroney, notamment celui de ministre des Finances et de ministre de la Justice.

Federal International Trade Minister John Crosbie issues an assurance in the House of Commons that Ottawa will be able to enforce the Canada-U.S. Free Trade Agreement once the legislation is in place, May 17, 1988.

Le ministre fédéral du Commerce international, John Crosbie, assure la Chambre des communes qu'Ottawa sera en mesure de faire respecter l'Accord de libre-échange entre le Canada et les États-Unis lors de sa mise en vigueur, le 17 mai 1988.

John Crosbie pays tribute to the former prime minister of Canada Jean Chrétien during Chrétien's 80th birthday and marks his 50 years in public service, Toronto, January 21, 2014.

John Crosbie rend hommage au très honorable Jean Chrétien, ancien premier ministre du Canada, à l'occasion de son 80ᵉ anniversaire, qui marque aussi ses 50 ans dans la fonction publique, Toronto, le 21 janvier 2014.

Newfoundland and Labrador lieutenant governor John Crosbie during an interview in his office in St. John's, January 6, 2011.

Le lieutenant-gouverneur de Terre-Neuve-et-Labrador, John Crosbie, lors d'une entrevue dans son bureau de St. John's, le 6 janvier 2011.

"We are not a have not area when compared to Bangladesh, we are not a have not area compared to Haiti, and we are certainly not have not compared to Jamaica. We shouldn't always be looking at southern Ontario; it's very healthy occasionally to look at Haiti or Sri Lanka […] and then we're very have when we do that."

« Nous ne sommes pas une zone démunie si nous nous comparons au Bangladesh, nous ne sommes pas une zone démunie si nous nous comparons à Haïti, et nous ne sommes certainement pas démunis en comparaison avec la Jamaïque. Nous ne devrions pas toujours nous comparer au sud de l'Ontario ; il est souhaitable de se comparer à Haïti ou au Sri Lanka une fois de temps en temps […] et nous observons que nous sommes plutôt bien nantis après tout. »

September 2, 1986, on the Atlantic Canada economy.
Le 2 septembre 1986, au sujet de l'économie du Canada atlantique.

Finance Minister John Crosbie and Prime Minister Joe Clark laugh together as they walk to the House to present their first budget, Ottawa, December 11, 1979.

Le ministre des Finances John Crosbie et le premier ministre Joe Clark plaisantent en se rendant aux Communes pour présenter leur premier budget, Ottawa, le 11 décembre 1979.

Newfoundland and Labrador lieutenant governor John Crosbie inspects the Royal Newfoundland Constabulary as he enters the House of Assembly to deliver the Speech from the Throne, St. John's, March 21, 2011.

Le lieutenant-gouverneur de Terre-Neuve-et-Labrador, John Crosbie, inspecte la Force constabulaire royale de Terre-Neuve en entrant dans la Chambre d'assemblée pour prononcer le discours du Trône, St. John's, le 21 mars 2011.

IAN WILSON

2008 Symons Medallist / Médaillé Symons 2008

Ian Wilson served as national archivist of Canada from 1999 to 2004, and then as head of the newly amalgamated Library and Archives Canada. It was Wilson, working as the national archivist of Canada with then National Librarian Roch Carrier, who planned and led the amalgamation of the two institutions as Library and Archives Canada.

Ian Wilson a été l'archiviste national du Canada de 1999 à 2004, puis le directeur de Bibliothèque et Archives Canada, peu après leur fusionnement. Dans son rôle d'archiviste national du Canada, Wilson a collaboré avec Roch Carrier, alors bibliothécaire national, à la planification et la direction de la fusion des deux institutions pour former Bibliothèque et Archives Canada.

Ian Wilson delivering his Symons Medal lecture, Confederation Centre of the Arts, October 21, 2008.

Ian Wilson donne sa causerie de la médaille Symons au Centre des arts de la Confédération, le 21 octobre 2008.

Ian Wilson (centre), president of the International Council on Archives (ICA), attending the Latvian Ministry of Foreign Affairs-hosted seminar on Archives and Memory Institutions, Riga, August 31, 2009.

Ian Wilson (au centre), président du Conseil international des archives (ICA), participe au séminaire sur les archives et les institutions de mémoire organisé par le ministère des Affaires étrangères de la Lettonie, Riga, le 31 août 2009.

Minister of Canadian Heritage Sheila Copps and National Archivist Ian Wilson uncrate a painting acquired from the Peter Winkworth Collection at the National Archives of Canada, Gatineau, Quebec, April 8, 2002.

La ministre du Patrimoine canadien, Sheila Copps, et l'archiviste national, Ian Wilson, déballent un tableau en provenance de la collection Peter Winkworth aux Archives nationales du Canada à Gatineau, Québec, le 8 avril 2002.

"It is a big idea with far reaching impacts on teaching and education, on the understanding of Canada, on the reading public, and it will open key resource material in new ways. It's going to provide the very foundation for a knowledge society [...] simply by putting print material online, digitized and searchable, Canadian history is changing."

« Cette idée ambitieuse aura d'importantes répercussions sur l'enseignement et l'éducation, sur notre perception du Canada, et sur le public ; elle ouvrira de nouveaux processus pour l'accès aux ouvrages de référence clés. Ce processus posera le fondement d'une société du savoir. L'histoire du Canada évolue, par le simple fait de numériser des documents imprimés et de les rendre consultables en ligne. »

In 2005 on the digitization of Canada's print heritage.
Sur la numérisation du patrimoine imprimé du Canada, 2005.

Governor General Adrienne Clarkson with Ian Wilson during the Order of Canada investiture ceremony at Winnipeg's Fort Garry Hotel, November 30, 2002.

La gouverneure générale Adrienne Clarkson et Ian Wilson lors de la cérémonie d'investiture de l'Ordre du Canada à l'hôtel Fort Garry de Winnipeg, le 30 novembre 2002.

Ian Wilson, Chief Librarian and Archivist of Canada, and Lilly Koltun, director general of the Portrait Gallery of Canada, pose in a giant frame during the launch of the Portrait Gallery of Canada programming, Ottawa, October 29, 2007.

Ian Wilson, bibliothécaire en chef et archiviste du Canada, et Lilly Koltun, directrice générale du Musée du portrait du Canada, posent dans un cadre géant lors du lancement de la programmation du Musée, Ottawa, le 29 octobre 2007.

The Right Honourable / La très honorable

BEVERLEY MCLACHLIN

2008 Symons Medallist / Médaillée Symons 2008

Chief Justice McLachlin served on the Supreme Court of British Columbia, the Court of Appeal of British Columbia, and later as chief justice of the Supreme Court of British Columbia, where she served until her appointment to the Supreme Court of Canada in 1989. In 2000, she became Chief Justice of Canada.

La juge en chef McLachlin a siégé à la Cour suprême de la Colombie-Britannique, à la Cour d'appel de la Colombie-Britannique, puis à titre de juge en chef de la Cour suprême de la Colombie-Britannique. Elle y a siégé jusqu'à sa nomination à la Cour suprême du Canada en 1989. En 2000, elle devient juge en chef du Canada.

Chief Justice Beverley McLachlin addresses the Canadian Bar Association Legal Conference, Calgary, August 13, 2015.

La juge en chef Beverley McLachlin s'adresse à la Conférence juridique de l'Association du Barreau canadien, Calgary, le 13 août 2015.

Chief Petty Officer 1st Class Tom Riefesel, (left), Chief Justice Beverley McLachlin, (centre), and Vice-Admiral Mark Norman salute during Battle of the Atlantic memorial service on Parliament Hill, Ottawa, May 1, 2016.

Le premier maître de 1re classe Tom Riefesel (à gauche), la juge en chef Beverley McLachlin (au centre), et le vice-amiral Mark Norman durant le salut militaire au service commémoratif de la bataille de l'Atlantique, sur la Colline du Parlement, Ottawa, le 1er mai 2016.

Supreme Court of British Columbia Chief Justice Beverley McLachlin is flanked by Justices Michel Bastarache (left) and Ian Binnie upon their arrival for her swearing-in ceremony at the Supreme Court of Canada, Ottawa, January 7, 2000.

La juge en chef de la Cour suprême de la Colombie-Britannique Beverley McLachlin est accompagnée des juges Michel Bastarache (à gauche) et Ian Binnie à leur arrivée à sa cérémonie d'assermentation à la Cour suprême du Canada, Ottawa, le 7 janvier 2000.

"Democracy is a complex affair. You simply have to have courts there to resolve the various, not only legal issues that arise in the course of applying the law [...] but also the constitutional issues, be they division of powers or interpreting the fundamental rights and obligations set out in the charter. So, you could not conceive of a functioning Canadian democracy without the court, and without a strong and independent court."

« La démocratie, c'est complexe. Il suffit d'avoir des tribunaux pour résoudre diverses questions, non seulement les questions légales qui sont soulevées dans le cadre de l'application de la loi [...] mais aussi les questions constitutionnelles, soit celles portant sur le partage des pouvoirs ou sur l'interprétation des droits fondamentaux et des obligations énoncés dans la Charte. Il serait donc impossible de concevoir une démocratie canadienne fonctionnelle sans la cour, sans une cour forte et indépendante. »

Chief Justice of the Supreme Court of Canada Beverley McLachlin delivers a speech, Ottawa, February 5, 2013. The Prime Minister's Office says Stephen Harper refused to take a call from the country's chief justice about who should be allowed to sit on the Supreme Court of Canada.

La juge en chef de la Cour suprême du Canada, Beverley McLachlin, prononce un discours, Ottawa, le 5 février 2013. Le cabinet du premier ministre affirme que Stephen Harper a refusé de prendre un appel de la juge en chef pour discuter de la nomination d'un juge qui siégerait à la Cour suprême du Canada.

Beverley McLachlin, Chief Justice of the Supreme Court of Canada, addresses the Nova Scotia Legislature, Halifax, October 20, 2008.

Beverley McLachlin, juge en chef de la Cour suprême du Canada, s'adresse à l'Assemblée législative de la Nouvelle-Écosse, Halifax, le 20 octobre 2008.

The Right Honourable / La très honorable

MARY SIMON

2009 Symons Medallist / Médaillée Symons 2009

The Right Honourable Mary Simon has devoted her life's work to gaining further recognition of Aboriginal rights and to achieving social justice for Inuit and other Indigenous peoples. Her leadership was key in securing international cooperation in forming the Arctic Council made up of eight Arctic nations and in creating the University of the Arctic. She has received many honours for her leadership in developing strategies for Indigenous and Northern Affairs and was a founding chairperson of the Arctic Children and Youth Foundation, among many other achievements. She assumed the office as Canada's 30th governor general in July of 2021.

La très honorable Mary Simon a consacré sa vie à promouvoir la reconnaissance des droits des Autochtones et à assurer l'équité sociale pour les Inuits et les autres peuples autochtones. Grâce à son leadership, elle a joué un rôle clé pour assurer la collaboration internationale pour former le Conseil de l'Arctique, composé de huit pays ayant un territoire arctique, et pour créer l'Université de l'Arctique. Mary Simon a reçu de nombreuses distinctions pour souligner son leadership dans l'élaboration de stratégies relatives aux affaires autochtones et aux affaires du Nord. Parmi ses nombreuses réalisations, elle est la présidente fondatrice de la Fondation des enfants et des jeunes de l'Arctique. Elle a été nommée 30ᵉ gouverneure générale du Canada en juillet 2021.

Governor General Mary Simon crochets a piece with Métis artist Tracey-Mae Chambers for an artwork outside Rideau Hall on National Indigenous Peoples Day, Ottawa, June 21, 2023.

La gouverneure générale Mary Simon fait du crochet avec l'artiste métisse Tracey-Mae Chambers afin de fabriquer une œuvre d'art à l'extérieur de Rideau Hall à l'occasion de la Journée nationale des peuples autochtones, Ottawa, le 21 juin 2023.

A woman glances up at Governor General Mary Simon after taking a photo together following a community gathering, Kangiqsualujjuaq, Quebec, May 10, 2022.

Une femme regarde la gouverneure générale Mary Simon après avoir pris une photo ensemble à la suite d'un rassemblement communautaire, Kangiqsualujjuaq, Québec, le 10 mai 2022.

Prime Minister Justin Trudeau watches Governor General Mary Simon sign documents during an accession ceremony at Rideau Hall, Ottawa, September 10, 2022.

Le premier ministre Justin Trudeau observe la gouverneure générale Mary Simon qui signe des documents lors d'une cérémonie d'accession à Rideau Hall, Ottawa, le 10 septembre 2022.

"I believe that in order to have a healthy future, we must reset our thinking to understand that nature contains and creates our climate. Our climate allows society to be possible, and within our society is our economy."

« J'estime que, pour avoir un avenir sain, nous devons revoir notre façon de penser et comprendre que notre climat est attribuable à la nature. Notre climat permet à la société d'exister, et l'économie existe dans cette société. »

From first speech of the Right Honourable Mary Simon as governor general.
Citation tirée du discours d'installation de la très honorable Mary Simon à titre de gouverneure générale du Canada.

Assembly of First Nations chief Phil Fontaine, right, shakes hands with Prime Minister Stephen Harper, as Inuit Tapiriit Kanatami President Mary Simon watches, after the government's official apology for more than a century of abuse and cultural loss involving residential schools, at a ceremony in the House of Commons on Parliament Hill, Ottawa, June 11, 2008.

Le chef de l'Assemblée des Premières Nations, Phil Fontaine (à droite), serre la main du premier ministre Stephen Harper, sous le regard de Mary Simon, présidente de l'Inuit Tapiriit Kanatami, après avoir reçu les excuses officielles du gouvernement pour plus d'un siècle d'abus et de pertes culturelles impliquant les pensionnats autochtones, lors d'une cérémonie à la Chambre des communes sur la Colline du Parlement, Ottawa, le 11 juin 2008.

Prince Charles and Canada's Governor General Mary Simon attend a welcoming ceremony in St. John's, Newfoundland and Labrador, as he arrives for a visit to Canada, May 17, 2022.

Le prince Charles et la gouverneure générale du Canada, Mary Simon, assistent à une cérémonie d'accueil à St. John's, Terre-Neuve-et-Labrador, à son arrivée lors d'une visite au Canada, le 17 mai 2022.

The Right Honourable / Le très honorable

DAVID JOHNSTON

2010 Symons Medallist / Médaillé Symons 2010

The Right Honourable David Johnston became Canada's 28th governor general on October 1, 2010. Previously he worked in the faculties of law at Queen's University and the University of Toronto, later becoming dean of law at Western University. He was named principal and vice-chancellor of McGill University in 1979, and in 1999 president and vice-chancellor of the University of Waterloo. He holds honorary doctorates from more than 25 universities and learning institutions in Canada, China, and India.

Le très honorable David Johnston est nommé au poste de 28e gouverneur général du Canada le 1er octobre 2010. Avant cela, il a enseigné le droit à l'Université Queens et à l'Université de Toronto, et il a été doyen de la faculté de droit de l'Université Western. En 1979, il est nommé directeur et vice-chancelier de l'Université McGill et, en 1999, président et vice-chancelier de l'Université de Waterloo. Il a reçu des doctorats honorifiques de plus de 25 universités et établissements d'enseignement au Canada, en Chine et en Inde.

Governor General David Johnston adjusts the white cowboy hat he received from Calgary's new mayor, Naheed Nenshi, Calgary, November 30, 2010.

Le gouverneur général David Johnston ajuste le chapeau de cowboy blanc qu'il a reçu en cadeau du nouveau maire de Calgary, Naheed Nenshi, Calgary, le 30 novembre 2010.

Governor General of Canada David Johnston tries a C-7 assault rifle in a simulation range at Cartier Drill Hall during his tour of the Governor General's Foot Guards regiment in Ottawa, November 26, 2010.

Le gouverneur général du Canada, David Johnston, s'exerce à tirer avec un fusil d'assaut C-7 dans un champ de tir au manège militaire de la place Cartier lors de sa tournée du régiment de la Garde à pied du Gouverneur général, Ottawa, le 26 novembre 2010.

Governor General David Johnston and the Duke and Duchess of Cambridge wave as they arrive by landau on Parliament Hill, Ottawa, July 1, 2011.

Le gouverneur général David Johnston et le duc et la duchesse de Cambridge saluent les gens lors de leur arrivée en landau sur la Colline du Parlement, Ottawa, le 1er juillet 2011.

"Canada succeeds in large part because here, diverse perspectives and different opinions are celebrated, not silenced. Parliament shall be no exception. [...] Canada is strong because of our differences, not in spite of them."

« Le succès du Canada vient en grande partie du fait que les diverses perspectives et opinions y sont célébrées, et non réduites au silence. Il en sera de même au Parlement [...]. Le Canada est fort, non pas malgré nos différences, mais grâce à elles. »

Speech from the Throne, December 7, 2015.
Discours du Trône, le 7 décembre 2015.

Governor General David Johnston performs a ceremonial kick off before the 100th CFL Grey Cup game between the Toronto Argonauts and the Calgary Stampeders, Toronto, November 25, 2012.

Le gouverneur général David Johnston donne le botté d'envoi cérémoniel avant le match de la 100e Coupe Grey de la LCF entre les Argonauts de Toronto et les Stampeders de Calgary, Toronto, le 25 novembre 2012.

Governor General David Johnston is greeted by Bonhomme Carnaval while attending Quebec's Winter Carnival, Québec City, February 5, 2011.

Le gouverneur général David Johnston est accueilli par le Bonhomme Carnaval alors qu'il assiste au Carnaval d'hiver de Québec, Québec, le 5 février 2011.

IVAN P. FELLEGI

2011 Symons Medallist / Médaillé Symons 2011

Dr. Ivan P. Fellegi was Chief Statistician of Canada from 1985 to 2008, capping a 51-year career with Statistics Canada, widely regarded as one of the best statistical agencies in the world. He also served as chair of the Conference of European Statisticians of the United Nations Economic Commission for Europe from 1993 to 1997.

Ivan P. Fellegi a été statisticien en chef du Canada de 1985 à 2008, couronnant une carrière de 51 ans à Statistique Canada, considéré largement comme l'un des meilleurs organismes statistiques au monde. Il a également été président de la Conférence des statisticiens européens de la Commission économique des Nations Unies pour l'Europe de 1993 à 1997.

Dr. Ivan Fellegi responds to audience questions following his Symons Lecture presentation, Confederation Centre of the Arts, November 8, 2006.

Ivan Fellegi répond aux questions du public à la suite de sa présentation à la causerie Symons au Centre des arts de la Confédération, le 8 novembre 2006.

Ivan Fellegi, a man who knew how to manage large projects for Statistics Canada, is shown in 2007 for an interview with the *Ottawa Citizen* commenting on the malaise of the federal government's Phoenix pay system.

Ivan Fellegi, un homme qui savait gérer de grands projets pour Statistique Canada, lors d'une entrevue avec l'*Ottawa Citizen* en 2007 au sujet des difficultés du système de paye Phénix du gouvernement fédéral.

Former chief of Statistics Canada Munir Sheikh (left) and Dr. Ivan Fellegi prepare to appear before the House of Commons Standing Committee on Industry and Technology looking into changes of the long-form census on Parliament, Ottawa, July 27, 2010.

L'ancien chef de Statistique Canada Munir Sheikh (à gauche) et Ivan Fellegi se préparent à témoigner devant le Comité permanent de l'industrie et de la technologie de la Chambre des communes au Parlement au sujet des modifications du formulaire complet de recensement, Ottawa, le 27 juillet 2010.

"Without this information, we cannot make informed decisions about where to plan the next extension of public transit, or where to target different types of health resources [...] the knowledge it offers forms the backbone of our society, an information society that needs and wants to know about itself."

« Sans cette information, nous ne sommes pas en mesure de prendre des décisions éclairées dans la planification du prochain prolongement du transport en commun, ou le ciblage de différentes ressources en santé [...] les connaissances qu'elle offre forment l'épine dorsale de notre société, une société de l'information qui a un besoin et un désir d'en savoir davantage sur elle-même. »

Quoting researcher Armine Yalnizyan, on statistics, public confidence, and lessons from the 2011 Canadian Census.

Citant la chercheuse Armine Yalnizyan, au sujet des statistiques, de la confiance du public et des leçons tirées du Recensement du Canada de 2011.

Ivan Fellegi delivering his Symons Medal Lecture, Confederation Centre of the Arts, November 8, 2006.

Ivan Fellegi livre son discours lors de la causerie de la médaille Symons au Centre des arts de la Confédération, le 8 novembre 2006.

Munir Sheikh · 18 · Ivan Fellegi

Ivan Fellegi (left) at the 1992 ceremony becoming a member of the Order of Canada as awarded by Governor General Ramon John Hnatyshyn.

Ivan Fellegi (à gauche) reçoit l'Ordre du Canada de la part du gouverneur général Ramon John Hnatyshyn lors d'une cérémonie en 1992.

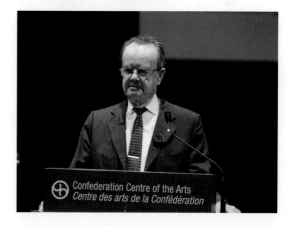

Confederation Centre of the Arts
Centre des arts de la Confédération

DAVID SUZUKI

2012 Symons Medallist / Médaillé Symons 2012

Dr. David Suzuki is familiar to audiences as host of the long-running CBC TV program *The Nature of Things* and as the original host of CBC Radio's *Quirks & Quarks*, as well as the acclaimed series *It's a Matter of Survival* and *From Naked Ape to Superspecies*. Co-founder of the David Suzuki Foundation, he is recognized as a world leader in sustainable ecology. Among other awards, he is a recipient of the UNESCO Kalinga Prize for the Popularization of Science, the United Nations Environment Programme Medal and the 2009 Right Livelihood Award.

David Suzuki est bien connu du public en tant qu'animateur de l'émission télévisée de longue haleine de la CBC *The Nature of Things*, et en tant qu'animateur original de l'émission *Quirks & Quarks* de la CBC Radio One, ainsi que des séries à succès *It's a Matter of Survival* et *From Naked Ape to Superspecies*. Cofondateur de la Fondation David Suzuki, il est reconnu comme un leader mondial en écologie durable. Il a reçu de nombreux prix, notamment le Prix UNESCO Kalinga pour la vulgarisation scientifique, la médaille du Programme des Nations Unies pour l'environnement et le prix Right Livelihood 2009.

Dr. David Suzuki answers questions concerning a proposed carbon tax for the federal budget, at a news conference on Parliament Hill, Ottawa, February 25, 2008.

David Suzuki répond à des questions sur un projet de taxe sur les émissions carboniques dans le budget fédéral, lors d'une conférence de presse sur la Colline du Parlement, Ottawa, le 25 février 2008.

Environmental activist David Suzuki speaks during a rally for Green Party of Canada leader Elizabeth May and party candidates, Vancouver, October 19, 2019.

Le militant écologiste David Suzuki prend la parole lors d'un rassemblement pour Elizabeth May, cheffe du Parti vert du Canada, et les candidats du parti, Vancouver, le 19 octobre 2019.

"We need love, and to ensure love, we need to have full employment, and we need social justice. We need gender equity. We need freedom from hunger. These are our most fundamental needs as social creatures."

« Nous avons besoin d'amour, et pour assurer l'amour, nous devons atteindre le plein emploi et faire régner la justice sociale. Nous devons assurer l'équité entre les sexes. Nous devons nous affranchir de la faim. En tant que créatures sociales, il s'agit de nos besoins les plus fondamentaux. »

David Suzuki is seen during a news conference, Toronto, February 19, 2007.

David Suzuki lors d'une conférence de presse, Toronto, le 19 février 2007.

David Suzuki gestures as he speaks at the Clean Energy B.C. annual conference, Vancouver, October 29, 2012.

David Suzuki s'anime devant le public à la conférence annuelle de Clean Energy B.-C., Vancouver, le 29 octobre 2012.

David Suzuki (left) and his youngest daughter, Sarika Cullis-Suzuki, pose for a photograph in promotion of the documentary *The Suzuki Diaries*, produced for CBC TV, Vancouver, November 4, 2008.

David Suzuki (à gauche) et sa plus jeune fille, Sarika Cullis-Suzuki, participent à une séance de photos pour la promotion du documentaire *The Suzuki Diaries*, réalisé pour la CBC TV, Vancouver, le 4 novembre 2008.

PAUL MARTIN

2013 Symons Medallist / Médaillé Symons 2013

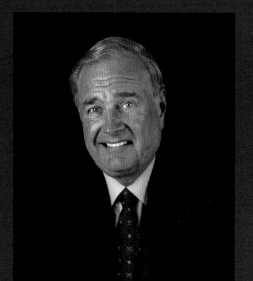

The Right Honourable Paul Martin was prime minister of Canada (2003–2006) and minister of Finance (1993–2002). Martin was later named co-chair of the Congo Basin Forest Fund, created to address global warming and poverty issues in a ten-nation region in Africa. He also had a distinguished career in the private sector at Power Corporation of Canada and as chairman and CEO of the CSL Group Inc.

Le très honorable Paul Martin a été ministre des Finances de 1993 à 2002, puis premier ministre du Canada de 2003 à 2006. Paul Martin a ensuite coprésidé le Congo Basin Forest Fund, un organisme de lutte contre le réchauffement climatique et les problèmes de pauvreté dans une région composée de 10 pays africains. Il a également mené une brillante carrière dans le secteur privé chez Power Corporation du Canada et en tant que président-directeur général du Groupe CSL Inc.

Finance Minister Paul Martin is reflected in the glass framing a sheet of discontinued two-dollar bills in his Ottawa office, February 5, 1999.

L'image du ministre des Finances Paul Martin se reflète dans le verre qui encadre un billet de deux dollars hors production dans son bureau, Ottawa, le 5 février 1999.

Finance Minister Paul Martin gestures as he delivers his budget speech in the House of Commons, February 18, 1997.

Le ministre des Finances, Paul Martin, s'anime lors de son discours portant sur le budget à la Chambre des communes, le 18 février 1997.

The Right Honourable Paul Martin gives a thumbs up as his official prime ministerial portrait is unveiled during a ceremony on Parliament Hill, Ottawa, May 11, 2016.

Le très honorable Paul Martin donne un signe d'approbation lors du dévoilement de son portrait officiel de premier ministre lors d'une cérémonie sur la Colline du Parlement, Ottawa, le 11 mai 2016.

"The point to underline here is that acknowledging the inherent right is not a gift to First Nations, a luxury, or simply fodder for some academic or legal debate. It is a necessity if Canada is to move on from its colonial past and First Nations are to take their rightful place within Confederation."

« Nous devons maintenant souligner que la reconnaissance du droit inhérent n'est pas un cadeau que nous offrons aux Premières Nations, ni un luxe ou de quoi alimenter un débat universitaire ou juridique. Il s'agit d'une nécessité qui permettra au Canada de faire face à son passé colonial pour avancer vers un avenir où les Premières Nations occupent leur juste place au sein de la Confédération. »

Finance Minister Paul Martin speaks to a listener during a discussion of his budget on *Cross Country Checkup* with Rex Murphy, CBC Vancouver, March 5, 2000.

Le ministre des Finances, Paul Martin, s'adresse à un auditeur lors d'une discussion portant sur son budget lors de l'émission *Cross Country Checkup* animée par Rex Murphy, CBC Vancouver, le 5 mars 2000.

Prime Minister Paul Martin addresses the 60th General Assembly of the United Nations, New York, September 16, 2005.

Le premier ministre Paul Martin s'adresse à la 60e Assemblée générale des Nations Unies, New York, le vendredi 16 septembre 2005.

His Royal Highness / Son Altesse Royale

PRINCE CHARLES

Prince of Wales (now King Charles III) / Le prince de Galles (aujourd'hui le roi Charles III)

2014 Symons Medallist / Médaillé Symons 2014

On May 20, 2014, Charles, Prince of Wales, visited Prince Edward Island as part of a four-day Royal Visit to Canada, one of his numerous official visits to Canada. At Confederation Centre's Memorial Hall, in Charlottetown, he was presented with an honorary Symons Medal from Professor Thomas H. B. Symons.

Le 20 mai 2014, Son Altesse Royale le prince Charles, prince de Galles, s'est rendu à l'Île-du-Prince-Édouard dans le cadre d'une visite royale de quatre jours au Canada, l'une de ses nombreuses visites officielles au Canada. Au Memorial Hall du Centre des arts de la Confédération, à Charlottetown, il reçoit une médaille Symons honorifique de la part du professeur Thomas H. B. Symons.

Prince Charles delivers remarks during the opening ceremony of the Commonwealth Heads of Government Meeting in Kigali, Rwanda, June 24, 2022.

Le prince Charles prononce un discours lors de la cérémonie d'ouverture de la Réunion des chefs de gouvernement du Commonwealth à Kigali, Rwanda, le 24 juin 2022.

Camilla, Duchess of Cornwall, and Prince Charles wave to the crowd as they ride in a carriage during Canada 150 celebrations, Ottawa, July 1, 2017.

Camilla, duchesse de Cornouailles, et le prince Charles saluent la foule de leur calèche lors des célébrations du 150ᵉ anniversaire du Canada, Ottawa, le 1ᵉʳ juillet 2017

Prince Charles and his wife, Camilla, Duchess of Cornwall, share a laugh with actor Katie Kerr, portraying the character of Anne in *Anne of Green Gables—The Musical*™, Charlottetown, May 20, 2014.

Le prince Charles et sa femme, Camilla, partagent un moment avec l'actrice Katie Kerr qui incarne le personnage d'Anne dans *Anne… la Maison aux pignons verts – La comédie musicale* ᴹᴰ, Charlottetown, le 20 mai 2014.

"Every time I come to Canada [...] a little more of Canada seeps into my bloodstream and from there, straight to my heart [...] as I get older, it is particularly heartwarming to see my children coming to know and love this great country, just as the Queen and my late father have, and I and my wife in turn."

« Chaque fois que je viens au Canada [...] un peu plus du Canada s'infiltre dans mon sang, et de là, directement dans mon cœur [...] En vieillissant, je trouve un certain réconfort de voir mes enfants en venir à connaître et à aimer ce grand pays, tout comme la reine et mon défunt père, et moi et ma femme l'avons fait à tour de rôle. »

Professor Thomas Symons presents the Symons Medal to Prince Charles for his contribution to Canadian society at the Confederation Centre of the Arts, May 20, 2014.

Le professeur Thomas Symons remet la médaille Symons au prince Charles pour sa contribution à la société canadienne au Centre des arts de la Confédération, le 20 mai 2014.

Prince Charles speaks during Canada 150 celebrations on Parliament Hill, Ottawa, July 1, 2017.

Le prince Charles prend la parole lors des célébrations du 150ᵉ anniversaire du Canada sur la Colline du Parlement, Ottawa, le 1ᵉʳ juillet 2017.

STEPHEN LEWIS

2014 Symons Medallist / Médaillé Symons 2014

Stephen Lewis's life is one of exemplary service to Canadians, whether in elected office or positions of leadership representing the nation or the United Nations (UN). His work with the UN spanned more than two decades. He was the UN Secretary-General's special envoy for HIV/AIDS in Africa from June 2001 until 2006. From 1995 to 1999, Lewis was the deputy executive director of UNICEF at the organization's global headquarters in New York.

La vie de Stephen Lewis est marquée par un service exemplaire aux Canadiens et Canadiennes, que ce soit dans des fonctions électives ou dans des postes de leadership représentant le pays ou les Nations Unies (ONU). Son travail auprès de l'ONU a duré plus de deux décennies. Il a été l'envoyé spécial auprès du Secrétaire général de l'ONU pour le VIH/sida en Afrique de juin 2001 à 2006. De 1995 à 1999, Lewis a été directeur général adjoint de l'UNICEF au siège mondial de l'organisation à New York.

United Nations Special Envoy for HIV/AIDS in Africa Stephen Lewis listens as he is introduced as the keynote speaker at the G6B (Group of Six Billion), Peoples Summit, Calgary, June 21, 2002.

Stephen Lewis, envoyé spécial de l'ONU pour le VIH/sida en Afrique, s'apprête à parler en tant que conférencier principal au Sommet du G6B (Group of Six Billion), Calgary, le 21 juin 2002.

Stephen Lewis (centre) and Dr. Roger Luhiriri (left) listen to Girl Child Network founder Betty Makoni as she responds to a question during a news conference, Toronto, June 9, 2008.

Stephen Lewis (au centre) et le Dr Roger Luhiriri (à gauche) écoutent la fondatrice du Girl Child Network, Betty Makoni, qui répond à une question posée lors d'une conférence de presse, Toronto, le 9 juin 2008.

American singer Alicia Keys (centre) and UN Special Envoy for HIV/AIDS in Africa Stephen Lewis (right) join grandmothers from around the world affected by AIDS at an event raising awareness about the disease at the International AIDS conference, Toronto, August 13, 2006.

La chanteuse américaine Alicia Keys (au centre) et l'envoyé spécial de l'ONU pour le VIH/sida Stephen Lewis (à droite) se joignent à des grands-mères du monde entier touchées par le sida lors d'un événement de sensibilisation à la maladie dans le cadre de la Conférence internationale sur le sida, Toronto, le 13 août 2006.

"He [Nelson Mandela] had a kind of reverence, almost, for Brian Mulroney and the extraordinary role that Canada had played in fighting apartheid, and particularly within the Commonwealth. There was in Mandela a deep and abiding sense that Canada was, in part, responsible for the end of apartheid and for his release after [27] years in prison."

« Il [Nelson Mandela] témoignait une sorte de déférence, presque, pour Brian Mulroney et pour le rôle extraordinaire joué par le Canada dans la lutte contre l'apartheid, en particulier au sein du Commonwealth. Mandela éprouvait un sentiment profond et ferme que le démantèlement de l'apartheid et sa libération après [27] ans de prison étaient en partie attribuables au Canada. »

Former U.S. president Bill Clinton and UN Special Envoy for HIV/AIDS in Africa Stephen Lewis hold a press conference at the 16th International AIDS Conference, Toronto, August 15, 2006.

L'ancien président des États-Unis Bill Clinton et Stephen Lewis, envoyé spécial de l'ONU pour le VIH/sida en Afrique, tiennent une conférence de presse dans le cadre de la 16e Conférence internationale sur le sida, à Toronto, le 15 août 2006.

Former Ontario NDP leader Stephen Lewis speaks at the NDP Federal Convention, Edmonton, April 9, 2016.

L'ancien chef du NPD de l'Ontario, Stephen Lewis, prend la parole au congrès fédéral du NPD, Edmonton, le 9 avril 2016.

PAUL GROSS

2015 Symons Medallist / Médaillé Symons 2015

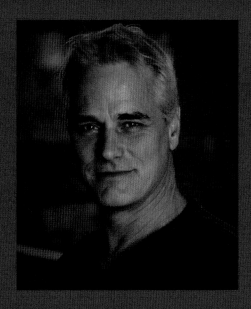

Paul Gross is one of Canada's most celebrated actors, known for his role on the multi-award-winning television drama *Due South*. He received two Gemini Awards for the acclaimed series *Slings & Arrows*, and in 2008 released the feature film, *Passchendaele*, based on the Battle of Ypres in Belgium during the First World War. Gross wrote, directed, and starred in the film. It was the highest-grossing Canadian film of the year and won five Genie Awards, including Best Picture.

Paul Gross est l'un des acteurs canadiens les plus célèbres, connu pour son rôle dans la série télévisée plusieurs fois primée *Due South*. Il a reçu deux prix Gémeaux pour la série acclamée *Slings & Arrows*, et en 2008, il a sorti le long métrage, *La bataille de Passchendaele*, un film fondé sur la bataille d'Ypres en Belgique au cours de la Première Guerre mondiale. Gross a écrit et réalisé le scénario, en plus de jouer un rôle dans le film. Il s'agit du film canadien le plus rentable de l'année et il a remporté cinq prix Génie, dont celui du meilleur film.

Paul Gross addresses a news conference for his movie *Passchendaele* at the Toronto International Film Festival, Toronto, September 5, 2008.

Paul Gross donne une conférence de presse pour son film *La bataille de Passchendaele* au Festival international du film de Toronto, Toronto, le 5 septembre 2008.

Paul Gross jokes about the thickness of notes as he appears as a witness during a Senate Committee on Banking, Commerce and the Economy on Bill C-10, Ottawa, May 28, 2008.

Paul Gross plaisante sur l'épaisseur des notes lors de son témoignage devant le Comité permanent Banques, commerce et économie du Sénat au sujet du projet de loi C-10, Ottawa, le 28 mai 2008.

"Canada gave her all in this war and I think that our understanding of what it means to be Canadian was actually forged in the crucible of the western front."

« Le Canada a tout donné dans cette guerre. Je crois que notre compréhension de la signification de l'identité canadienne a été forgée dans le creuset du front occidental. »

On the subject of the First World War.
Au sujet de la Première Guerre mondiale.

Actor Paul Gross poses for a photograph for the new miniseries *Tales of the City*, Toronto, May 28, 2019.

L'acteur Paul Gross participe à une séance de photos pour la nouvelle télésérie *Les Chroniques de San Francisco*, Toronto, le 28 mai 2019.

Paul Gross (left) holds actor Joe Dinicol, who plays David Mann, during filming of a battlefield scene on the set of the film *Passchendaele*, which was filmed near Calgary, September 27, 2007.

Paul Gross (à gauche) tient l'acteur Joe Dinicol, qui joue David Mann, pendant le tournage d'une scène de champ de bataille du film *La bataille de Passchendaele*, près de Calgary, le 27 septembre 2007.

Paul Gross poses for a photograph to promote his new film *Hyena Road*, Toronto, August 20, 2015.

Paul Gross participe à une séance de photos pour la promotion de son nouveau film, *Hyena Road*, Toronto, le 20 août 2015.

ANTONINE MAILLET

2016 Symons Medallist / Médaillée Symons 2016

One of the most celebrated writers in Canadian literature, Dr. Antonine Maillet is best known for her play *La Sagouine*, which celebrates the colourful and distinctive culture of Canada's Acadian people and has become a classic of French-language theatre. Her novel *Pélagie-la-Charette*, chronicling the triumphant return of the Acadian people to their home, was the first work by a non-European to win the Prix Goncourt, France's greatest literary prize, making Maillet an overnight success in France. The novel sold over a million copies.

Antonine Maillet est l'une des écrivaines les plus célèbres de la littérature canadienne. Elle est surtout reconnue pour sa pièce *La Sagouine*, qui célèbre la culture colorée et distinctive du peuple acadien du Canada et qui est devenue un classique du théâtre de langue française. Son roman *Pélagie-la-Charette*, qui retrace le retour triomphal du peuple acadien dans son pays, est la première œuvre d'une personne non européenne à remporter le prix Goncourt, le plus grand prix littéraire français. Antonine Maillet a obtenu un succès immédiat en France où son roman s'est vendu à plus d'un million d'exemplaires.

Dr. Antonine Maillet speaks standing next to the president of the Quebec National Assembly, Clement Richard, after she had earlier been awarded France's prix Goncourt, Québec City, December 6, 1979.

Antonine Maillet prend la parole, accompagnée du président de l'Assemblée nationale du Québec, Clément Richard, après avoir reçu le prix français Goncourt, Québec, le 6 décembre 1979.

Canadian playwrights Antonine Maillet, Timothy Findley, and Clive Doucet, May 20, 1975.

Les dramaturges canadiens Antonine Maillet, Timothy Findley et Clive Doucet, le 20 mai 1975.

"Canada is now having its own 'To be or not to be' moment [...] that is to say, it is now time for us to investigate our own true identity, that of an enviably rich country but one that is also rich in the resulting complexities."

« Le Canada vit maintenant son propre moment de "corver ou point corver" [...] c'est-à-dire que le moment est arrivé pour nous de partir en quête de notre véritable identité, celle d'un pays riche et enviable, mais qui est également riche dans les complexités qui en résultent. »

Antonine Maillet delivers a convocation address at Vancouver's Simon Fraser University, June 9, 1989.

Antonine Maillet prononce un discours de collation des grades à l'Université Simon Fraser de Vancouver, le 9 juin 1989.

Antonine Maillet receives the honour of Companion of the Order of Canada from Governor General Ed Schreyer, Ottawa, April 21, 1982.

Antonine Maillet est reçue Compagnon de l'Ordre du Canada par le gouverneur général Ed Schreyer, Ottawa, le 21 avril 1982.

French president Jacques Chirac kisses the hand of Antonine Maillet, chancellor of the University of Moncton, after receiving an honorary doctorate from the university, Memramcook, N.B., September 4, 1999.

Le président français Jacques Chirac baise la main d'Antonine Maillet, chancelière de l'Université de Moncton, après avoir reçu un doctorat honorifique, Memramcook, N.-B., le 4 septembre 1999.

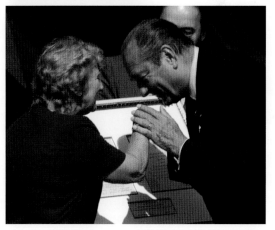

The Right Honourable / Le très honorable

JUSTIN TRUDEAU

2017 Symons Medallist / Médaillé Symons 2017

The eldest of three boys, the Right Honourable Justin Trudeau was born in 1971 in Ottawa and grew up under the profound influence of his father, former prime minister Pierre Elliott Trudeau, and his mother, Margaret Trudeau. He was sworn in as Canada's prime minister on November 4, 2015. Previously, he taught for several years in Vancouver, served as the national chair of Katimavik, on the board for the Avalanche Canada Foundation, and as an advocate for young people and the environment.

Aîné d'une famille de trois garçons, le très honorable Justin Trudeau est né en 1971 à Ottawa et a grandi sous la profonde influence de son père, l'ancien premier ministre Pierre Elliott Trudeau, et de sa mère Margaret Trudeau. Il a été assermenté au poste de premier ministre du Canada le 4 novembre 2015. Auparavant, Justin Trudeau a enseigné pendant de nombreuses années à Vancouver. Il a été président national de Katimavik, membre du conseil d'administration de la Fondation Avalanche Canada et défenseur des jeunes et de l'environnement.

Justin Trudeau walks down the street after speaking with The Canadian Press, Ottawa, April 11, 2013.

Justin Trudeau marche dans la rue après une rencontre avec La Presse canadienne, Ottawa, le 11 avril 2013.

Prime Minister Pierre Trudeau watches Olympic wrestling, with sons Alexandre (Sacha), age two, and Justin, age four, Montréal, July 24, 1976.

Le premier ministre Pierre Elliott Trudeau regarde la lutte olympique, avec ses fils Alexandre (Sacha), deux ans, et Justin, quatre ans, Montréal, le 24 juillet 1976.

"I think people are looking at Canada and realizing we're a place that is building for the long term and where the world's going to be."

« Je crois que les gens observent le Canada et se rendent compte que nous sommes un endroit qui bâtit avec une vision à long terme, nous sommes un lieu d'avenir pour le monde. »

Prime Minister Justin Trudeau and U.S. President Barack Obama arrive for a joint news conference in the White House Rose Garden, Washington, D.C., March 10, 2016.

Le premier ministre Justin Trudeau et le président américain Barack Obama se préparent à donner une conférence de presse conjointe dans la roseraie de la Maison-Blanche, Washington, D.C., le 10 mars 2016.

Prime Minister Justin Trudeau paddles a canoe down the Bow River in Calgary, September 17, 2015.

Le premier ministre Justin Trudeau pagaie sur la rivière Bow à Calgary, le 17 septembre 2015.

Prime Minister Justin Trudeau arrives with his Parliamentary MP Adam Vaughan to meet with the big city mayors and Federation of Canadian Municipalities (FCM) president Raymond Louis and FCM CEO Brock Carlton in the railway committee room on Parliament Hill, Ottawa, February 5, 2016.

Le premier ministre Justin Trudeau arrive à une rencontre avec le député Adam Vaughan afin de discuter avec les maires des grandes villes et le président de la Fédération canadienne des municipalités (FCM), Raymond Louis, et le directeur général de la FCM, Brock Carlton, dans la Salle du Comité des Chemins de fer sur la Colline du Parlement, Ottawa, le 5 février 2016.

Margaret Olwen MacMillan

2018 Symons Medallist / Médaillée Symons 2017

Emeritus Professor of International History at the University of Oxford, Professor of History at the University of Toronto, the Xerox Foundation Distinguished Scholar at the Henry A. Kissinger Center for Global Affairs at the Johns Hopkins University School of Advanced International Studies, and a distinguished fellow of the Munk School of Global Affairs and Public Policy, Dr. Margaret MacMillan is one of the world's most distinguished specialists in modern international history. Her research focus is British imperial history, international history of the 19th and 20th centuries, and the causes of war, specifically the First World War.

Professeure émérite d'histoire internationale à l'Université d'Oxford, professeure d'histoire à l'Université de Toronto, chercheuse distinguée de la Fondation Xerox au Henry A. Kissinger Center for Global Affairs de la School of Advanced International Studies de l'Université Johns Hopkins et membre émérite de la Munk School of Global Affairs and Public Policy, Margaret MacMillan est l'une des spécialistes les plus éminentes de l'histoire internationale moderne au monde. Ses recherches portent sur l'histoire impériale britannique, l'histoire internationale des XIXe et XXe siècles et les causes de la guerre, en particulier de la Première Guerre mondiale.

Dr. Margaret MacMillan delivering her Symons Medal Lecture, Confederation Centre of the Arts, November 23, 2018.

Margaret MacMillan livre son discours lors de la causerie de la médaille Symons au Centre des arts de la Confédération, le 23 novembre 2018.

Britain's Prince Charles talks to MacMillan, during a reception for Canadians living and working in the UK at St. James's Palace, London, May 14, 2014.

Le prince britannique Charles s'entretient avec Margaret MacMillan lors d'une réception au palais de Saint-James pour les Canadiens et Canadiennes qui vivent et travaillent au Royaume-Uni, Londres, le 14 mai 2014.

"If you had been taking bets on Canada in 1867, you'd have said it won't work [...] we're an improbable country in many ways, but here we still are."

« Si vous aviez parié sur le Canada en 1867, vous auriez misé sur son échec [...] le Canada est un pays improbable à bien des égards, mais nous sommes encore là aujourd'hui. »

Margaret MacMillan, at the opening plenary session of the Halifax International Security Forum, November 17, 2017.

Margaret MacMillan, à la séance plénière d'ouverture du Halifax International Security Forum, le 17 novembre 2017.

Margaret MacMillan after delivering her Symons Medal Lecture, Confederation Centre of the Arts, November 23, 2018.

Margaret MacMillan, après avoir prononcé sa causerie de la médaille Symons au Centre des arts de la Confédération, le 23 novembre 2018.

Margaret MacMillan with former U.S. secretary of state Henry Kissinger attending a private event for alumni of St. Antony's College, University of Oxford, England. The internal invite read: "Dr. Kissinger will be in discussion with Sir Alistair Horne, St. Antony's Honorary Fellow, and the Warden, Professor Margaret MacMillan," October 16, 2009.

Margaret MacMillan, accompagnée de l'ancien secrétaire d'État américain Henry Kissinger, assiste à un événement privé pour les anciens élèves de St Antony's College, Université d'Oxford, Angleterre. L'invitation interne se lisait comme suit : « Le D' Kissinger discutera avec Sir Alistair Horne, membre honoraire de St Antony's, et avec la doyenne, professeure Margaret MacMillan », le 16 octobre 2009.

MURRAY SINCLAIR

2019 Symons Medallist / Médaillé Symons 2019

Retired senator Murray Sinclair served the justice system in Manitoba for over 25 years and was the second Indigenous judge to be appointed in Canada and the first Indigenous judge in Manitoba. He was appointed to the Senate of Canada in 2016. He served as co-chair of the Aboriginal Justice Inquiry in Manitoba and as chief commissioner of the Truth and Reconciliation Commission (TRC) in Canada. In that role he participated in hundreds of hearings across the country, culminating in the issuance of the TRC's report in 2015.

Le sénateur à la retraite Murray Sinclair a servi dans le système judiciaire du Manitoba pendant plus de 25 ans. Il a été le premier juge autochtone du Manitoba et le deuxième au Canada. Il est nommé au Sénat du Canada en 2016. Il a servi à titre de coprésident de la Commission d'enquête sur l'administration de la justice et les Autochtones au Manitoba et de commissaire en chef de la Commission de vérité et réconciliation (CVR) du Canada. À ce titre, il a participé à des centaines d'audiences d'un bout à l'autre du pays, aboutissant à la publication du rapport de la CVR en 2015.

Justice Murray Sinclair shakes hands with Prime Minister Justin Trudeau during the release of the final report of the Truth and Reconciliation Commission, Ottawa, December 15, 2015.

Le juge Murray Sinclair serre la main du premier ministre Justin Trudeau lors de la publication du rapport final de la Commission de vérité et réconciliation, Ottawa, le 15 décembre 2015.

Justice Murray Sinclair holds a talking stick during the Walk for Reconciliation in Vancouver, September 22, 2013.

Le juge Murray Sinclair tient un bâton de parole lors de la Marche pour la réconciliation, Vancouver, le 22 septembre 2013.

Truth and Reconciliation commissioners Justice Murray Sinclair and Marie Wilson are recognized in the visitors' gallery in the House of Commons, Ottawa, June 2, 2015.

Les commissaires de la Commission de vérité et réconciliation, les juges Murray Sinclair et Marie Wilson, sont honorés dans la tribune des visiteurs de la Chambre des communes, Ottawa, le 2 juin 2015.

"The road we travel is equal in importance to the destination we seek. There are no shortcuts. When it comes to truth and reconciliation, we are forced to go the distance."

« Le chemin que nous parcourons revêt autant d'importance que notre destination. Nous ne pouvons pas prendre de raccourcis. Lorsqu'il s'agit de vérité et de réconciliation, nous devons passer par toutes les étapes. »

Justice Murray Sinclair, chair of the Truth and Reconciliation Commission of Canada (TRC), speaks at a signing ceremony in Winnipeg, where the Commission signed an agreement entrusting the University of Manitoba to host a national research centre on residential schools, June 21, 2013.

Le juge Murray Sinclair, président de la Commission de vérité et réconciliation du Canada (CVR), prend la parole lors d'une cérémonie à Winnipeg où la Commission a signé une entente confiant à l'Université du Manitoba le mandat d'accueillir un centre national de recherche sur les pensionnats autochtones, le 21 juin 2013.

Senator Murray Sinclair poses for a photo outside his senate office on Parliament Hill, Ottawa, September 20, 2016.

Le sénateur Murray Sinclair lors d'une séance de photos à l'extérieur de son bureau du sénat sur la Colline du Parlement, Ottawa, le 20 septembre 2016.

The Honourable / L'honorable

BOB RAE

2020 Symons Medallist / Médaillé Symons 2020

A prominent lawyer, community activist, and author, the Honourable Bob Rae has served as a federal and provincial politician, premier of Ontario, interim leader of the federal Liberal Party, and, in 2020, was named Canadian Ambassador to the United Nations.

Éminent avocat, activiste communautaire et auteur, l'honorable Bob Rae a participé à la vie politique fédérale et provinciale en tant que premier ministre de l'Ontario et chef intérimaire du Parti libéral fédéral. En 2020, il est nommé ambassadeur canadien aux Nations Unies.

Liberal leadership candidate Bob Rae waves as he is surrounded by supporters during the Liberal Leadership Convention, Montreal, November 29, 2006.

Le candidat à la direction du Parti libéral, Bob Rae, entouré de ses partisans, salue la foule lors du congrès à la direction du Parti libéral, Montréal, le 29 novembre 2006.

Canadian ambassador to the United Nations Bob Rae speaks to media at the United Nations, New York, September 20, 2022.

Bob Rae, ambassadeur du Canada aux Nations Unies, s'adresse aux médias au siège des Nations Unies, New York, le 20 septembre 2022.

"Nothing human should be foreign to us. The world is in us as a country just as surely as we are in the world. Just as surely as we have seen the steady increase in a sense of mutual obligation in our own country, the extension of the rule of law, and a wider appreciation of how the scope of human rights, and effective governance and enforcement in order to make rights real, so too that vision and execution must be matched on a wider scale."

Liberal leader Bob Rae participates in a photo op at the largest dodgeball game at the University of Alberta, Edmonton, February 3, 2012.

Le chef libéral Bob Rae participe à une séance de photos à un match de ballon-chasseur record à l'Université de l'Alberta, Edmonton, le 3 février 2012.

« Rien d'humain ne devrait nous être étranger. Le monde est en nous en tant que pays, tout aussi sûrement que nous sommes dans le monde. Nous avons observé dans notre propre pays l'augmentation constante du sentiment d'obligation mutuelle, l'expansion de la règle de droit, l'appréciation grandissante de la portée des droits de la personne, de même que la prise de conscience de la nécessité d'une gouvernance et d'une mise en application efficaces pour rendre ces droits réels. Tout aussi sûrement, cette même vision et cette même idée que nous avions auparavant et que nous avons aujourd'hui doivent être mises en parallèle à une échelle beaucoup plus large. »

Liberal leadership candidate and former premier of Ontario Bob Rae performs during a gala fundraiser for his campaign, Toronto, October 25, 2006.

Bob Rae, candidat à la direction du Parti libéral et ancien premier ministre de l'Ontario, se produit lors d'un gala de collecte de fonds pour sa campagne, Toronto, le 25 octobre 2006.

Newly elected NDP leader of Ontario Bob Rae addresses the party convention while his wife, Arlene Perly, applauds, Toronto, February 7, 1982.

Le nouveau chef néo-démocrate de l'Ontario, Bob Rae, s'adresse au congrès du parti tandis que sa femme Arlene Perly applaudit, Toronto, le 7 février 1982.

LOUISE ARBOUR

2021 Symons Medallist / Médaillée Symons 2021

The Honourable Louise Arbour was appointed to the Supreme Court of Ontario in 1987 and the Court of Appeal for Ontario in 1990. In 1996, the Security Council of the United Nations (UN) appointed her chief prosecutor for the International Criminal Tribunals for the former Yugoslavia and Rwanda. She was appointed to the Supreme Court of Canada in 1999 and in 2004 she was appointed High Commissioner for Human Rights at the UN.

L'honorable Louise Arbour a été nommée juge à la Cour suprême de l'Ontario en 1987 et à la Cour d'appel de l'Ontario en 1990. En 1996, le Conseil de sécurité des Nations Unies (ONU) l'a nommée procureure en chef des Tribunaux pénaux internationaux pour l'ex-Yougoslavie et le Rwanda. Elle est nommée juge à la Cour suprême du Canada en 1999, puis en 2004, elle est nommée haute-commissaire de l'ONU aux droits de l'homme.

CENTRE DES ARTS DE LA CONFÉDÉRATION ⊕ CONFEDERATION CENTRE OF THE ARTS

Former Supreme Court justice Louise Arbour and Minister of National Defence Anita Anand (centre) release the final report of the Independent External Comprehensive Review into Sexual Misconduct and Sexual Harassment in the Department of National Defence and the Canadian Armed Forces, Ottawa, May 30, 2022. Also in attendance is Chief of the Defence Staff, General Wayne Eyre.

L'ancienne juge de la Cour suprême Louise Arbour et la ministre de la Défense nationale Anita Anand (au centre) lancent le Rapport de l'examen externe indépendant et complet du ministère de la Défense nationale et des Forces armées canadiennes sur l'inconduite sexuelle et le harcèlement sexuel, Ottawa, le 30 mai 2022. Le chef d'état-major de la Défense, le général Wayne Eyre, est également présent.

Supreme Court Justice Louise Arbour smiles after receiving an honorary Doctor of Humane Letters degree from Mount Saint Vincent University, Halifax, May 11, 2001.

La juge Louise Arbour de la Cour suprême sourit après avoir reçu un doctorat honorifique en lettres humaines de l'Université Mount Saint Vincent, Halifax, le 11 mai 2001.

"Yet if there is one issue on which Canada shines internationally, way beyond what most Canadians may realize, it's on the issue of international migration. Canada, even more so than the U.S., which does remain a destination of choice for many, is viewed as the ultimate 'country of destination' success story."

« S'il y a un enjeu qui fait briller le Canada à l'échelle internationale, beaucoup plus que les Canadiens et Canadiennes ne s'en rendent compte, c'est celui de la migration internationale. Le Canada, encore plus que les États-Unis, qui demeurent une destination de choix pour nombre de gens, est considéré comme un véritable succès en tant que destination nationale. »

Supreme Court Justice Louise Arbour, January 17, 2000.

La juge Louise Arbour de la Cour suprême, le 17 janvier 2000.

Judge Louise Arbour, assigned to investigate the conduct of guards who strip-searched women at the Kingston Prison for Women, talks to reporters at a news conference after the release of her report, Ottawa, 1996.

La juge Louise Arbour, chargée d'enquêter sur la conduite des gardiens qui ont mené des fouilles à nu sur des femmes de la Prison des femmes de Kingston, s'entretient avec des journalistes lors d'une conférence de press après la publication de son rapport, Ottawa, 1996.

Canadian Civil Liberties Association chairman Alan Borovoy and association member Louise Arbour prepare for the start of the Special Committee on Pornography and Prostitution, Ottawa, April 6, 1984.

Le président de l'Association canadienne des libertés civiles, Alan Borovoy, et Louise Arbour, membre de l'Association, se préparent au lancement du Comité spécial d'étude de la pornographie et de la prostitution, Ottawa, le 6 avril 1984.

SHELAGH ROGERS

2022 Symons Medallist / Médaillée Symons 2022

Shelagh Rogers is a veteran broadcast journalist at CBC, most recently as the host and producer of *The Next Chapter*, an award-winning program devoted to books and writing in Canada. Over her illustrious career, she has hosted other national radio programs such as *This Morning*, *The Arts Tonight*, and *Sounds Like Canada*. Among numerous honours, in 2011, she was inducted as an honorary witness for the Truth and Reconciliation Commission.

Shelagh Rogers est une journaliste de radiodiffusion chevronnée de la CBC. Récemment, elle a animé et produit *The Next Chapter*, une émission primée consacrée aux livres et à l'écriture au Canada. Au cours de son illustre carrière, elle a animé d'autres émissions de radio nationales telles que *This Morning*, *The Arts Tonight* et *Sounds Like Canada*. Entre autres honneurs, elle a été accueillie à titre de témoin honoraire de la Commission de vérité et réconciliation en 2011.

Journalist and radio broadcaster Shelagh Rogers of Vancouver is embraced by Governor General David Johnston after she was invested into the Order of Canada as Officer during a ceremony at Rideau Hall in Ottawa, September 16, 2011.

La journaliste et animatrice de radio Shelagh Rogers, de Vancouver, reçoit une accolade du gouverneur général David Johnston après son investiture à l'Ordre du Canada à titre d'officière lors d'une cérémonie à Rideau Hall, Ottawa, le 16 septembre 2011.

Shelagh Rogers at her home in Eden Mills, Ontario, for Sarah Hampson interview, June 19, 2003.

Shelagh Rogers à son domicile d'Eden Mills, Ontario, lors d'une entrevue avec Sarah Hampson, le 19 juin 2003.

Shelagh Rogers being presented with her Symons Medal by P.E.I. Lieutenant-Governor Antoinette Perry and Robert L. Sear, chair of the Fathers of Confederation Buildings Trust, October 13, 2022.

Shelagh Rogers reçoit la médaille Symons des mains de la lieutenante-gouverneure de l'Île-du-Prince-Édouard, Antoinette Perry, en présence de Robert L. Sear, président du Groupe fiduciaire des édifices des Pères de la Confédération, le 13 octobre 2022.

"Universities, and performance venues like this one, museums and galleries, community organizations, literary festivals [...] they all have the magic wand of [...] convening power. They can call people to gather for dialogue, conversation, debate, provocative art performance, new ways of thinking [...] to listen, and to hear."

« Les universités, les salles de spectacles comme celle-ci, les musées, les galeries d'art, les organismes communautaires, les festivals littéraires [...] possèdent tous le pouvoir magique de [...] réunir les gens. Ils peuvent convier les gens à dialoguer, discuter, débattre, présenter des œuvres d'art provocantes, trouver de nouvelles façons de penser [...] afin d'écouter et d'entendre véritablement. »

Shelagh Rogers delivering her Symons Medal Lecture, October 13, 2022.

Shelagh Rogers prononce son discours lors de la remise de la médaille Symons, le 13 octobre 2022.

Shelagh Rogers with her mentor and friend, renowned CBC Radio *Morningside* host Peter Gzowski.

Shelagh Rogers et son mentor et ami, le célèbre animateur de l'émission *Morningside* sur CBC Radio, Peter Gzowski.

MICHAEL IGNATIEFF

2023 Symons Medallist / Médaillé Symons 2023

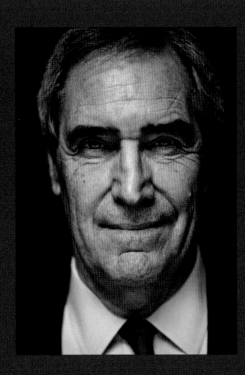

Dr. Michael Ignatieff is a writer, historian, and former politician. He was elected to the House of Commons in 2006 and held the position of leader of the Liberal Party of Canada between 2008 and 2011. He returned to academic life in 2011 and currently teaches history at Central European University in Vienna. He is the author of 18 books and holds honorary degrees from fourteen universities as well as the Order of Canada.

Michael Ignatieff est écrivain, historien et ancien homme politique. Il est député élu à la Chambre des communes en 2006, et il est chef du Parti libéral du Canada de 2008 à 2011. Il retourne à la vie universitaire en 2011 et il enseigne désormais l'histoire à l'Université d'Europe centrale (CEU) à Vienne. Il est l'auteur de dix-huit livres et est titulaire de diplômes honorifiques de quatorze universités, ainsi que récipiendaire de l'Ordre du Canada.

Liberal leadership candidate Dr. Michael Ignatieff takes part in an interview, Ottawa, November 22, 2006.

Le candidat à la direction du Parti libéral, Michael Ignatieff, participe à une entrevue, Ottawa, le 22 novembre 2006.

Federal Liberal leadership candidate Michael Ignatieff arrives at a campaign event, Montréal, September 9, 2006.

Le candidat à la direction du Parti libéral fédéral, Michael Ignatieff, à son arrivée à un événement de la course à la direction, Montréal, le 9 septembre 2006.

"To imagine Canada as a citizen requires that you enter into the mind of someone who does not believe what you believe or share what matters to you."

« Pour imaginer le Canada en tant que citoyen, vous devez entrer dans l'esprit de quelqu'un qui ne partage pas vos croyances, ou qui ne partage pas vos valeurs. »

Michael Ignatieff, *True Patriot Love: Four Generations in Search of Canada.*

Michael Ignatieff, *Terre de nos aïeux : quatre générations à la recherche du Canada.*

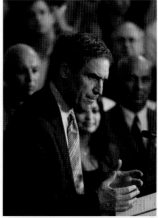

Liberal leadership candidate Michael Ignatieff kicks off his campaign for the federal Liberal leadership, Toronto, September 6, 2006.

Le candidat à la direction du Parti libéral, Michael Ignatieff, lance sa course à la direction du Parti libéral fédéral, Toronto, le 6 septembre 2006.

Michael Ignatieff signs Dominic LeBlanc's nomination form following a Liberal leadership town hall meeting, Mississauga, November 16, 2008.

Michael Ignatieff signe le formulaire de mise en candidature de Dominic LeBlanc à la suite d'une assemblée générale d'investiture du Parti libéral, Mississauga, le 16 novembre 2008.

A young girl shows off her sunglasses to Liberal Leader Michael Ignatieff at a market, Guelph, April 30, 2011.

Une jeune fille montre ses lunettes de soleil au chef libéral Michael Ignatieff dans un marché, Guelph, le 30 avril 2011.

CHRISTY CLARK

2024 Symons Medallist / Médaillée Symons 2024

Christy Clark is the longest-serving female premier in Canadian history and the only woman in Canada ever to be re-elected as premier, making an indelible mark on the Canadian political landscape. Her legacy is marked by a deep commitment to planning for future generations and leaving behind a province with a diversified economy, expanded market opportunities, a visionary clean energy plan, billions of dollars invested in infrastructure, and a significant reduction in the public debt burden to be carried by future generations of British Columbians.

Christy Clark est la femme qui a exercé les fonctions de première ministre le plus longtemps au pays et la seule femme au Canada à avoir été réélue première ministre, laissant une marque indélébile dans le paysage politique canadien. Elle laisse derrière elle un héritage marqué par son engagement profond à planifier pour les générations futures en diversifiant l'économie provinciale, en élargissant les débouchés commerciaux, en établissant un plan visionnaire d'énergie propre, en investissant des milliards de dollars dans l'infrastructure et en réduisant considérablement le fardeau de la dette publique laissé aux futures générations de la population de la Colombie-Britannique.

British Columbia Liberal leadership candidate Christy Clark pauses as she gives a speech after being elected as the party's new leader, Vancouver, February 26, 2011.

Christy Clark, candidate à la direction du Parti libéral de la Colombie-Britannique, fait une pause alors qu'elle prononce un discours après son élection au poste de cheffe du parti, Vancouver, le 26 février 2011.

British Columbia Liberal leadership candidate Christy Clark laughs as she greets delegates at the B.C. Liberal Party Convention, Vancouver, February 12, 2011.

La candidate à la direction du Parti libéral de la Colombie-Britannique, Christy Clark, rit en saluant les délégués au congrès du Parti libéral de la Colombie-Britannique, Vancouver, le 12 février 2011.

B.C. Premier Christy Clark (left) and Taku River Tlingit spokesperson John Ward sign a historic lands protection agreement outside the Chief Joe Mathias Centre, North Vancouver, July 19, 2011.

La première ministre de la Colombie-Britannique, Christy Clark (à gauche), et John Ward, porte-parole de la Première Nation Tlingit de la rivière Taku, signent une entente historique de protection des terres à l'extérieur du Centre Chief Joe Mathias, North Vancouver, le 19 juillet 2011.

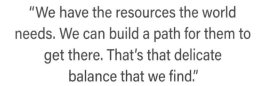

"We have the resources the world needs. We can build a path for them to get there. That's that delicate balance that we find."

« Nous disposons des ressources dont le monde a besoin. Nous pouvons bâtir un chemin pour y arriver. Il s'agit de trouver cet équilibre délicat. »

British Columbia Liberal leadership candidate Christy Clark hugs her son Hamish, age nine, after being elected as the party's new leader, Vancouver, February 26, 2011.

Christy Clark, candidate à la direction du Parti libéral de la Colombie-Britannique, serre dans ses bras son fils Hamish, âgé de neuf ans, après avoir été élue à la tête du parti, Vancouver, le 26 février 2011.

British Columbia Liberal leadership candidate Christy Clark waves after being elected as the party's new leader in Vancouver, February 26, 2011.

Christy Clark, candidate à la direction du Parti libéral de la Colombie-Britannique, salue la foule après avoir été élue nouvelle cheffe du parti, Vancouver, le 26 février 2011.

DR. PHILIPPE COUILLARD

2024 Symons Medallist / Médaillé Symons 2024

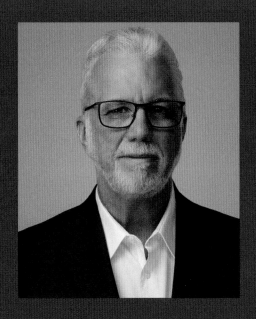

Dr. Philippe Couillard served as chief surgeon in the Department of Neurosurgery at the Hôpital Saint-Luc in Montreal, later co-founding the Dhahran Department of Neurosurgery in Saudi Arabia. Upon his return to Canada, he served as professor at the University of Sherbrooke from 1996 to 2003 and chairman of surgery at the Centre hospitalier universitaire de Sherbrooke from 2000 to 2003. First elected to the Quebec National Assembly in 2003, Philippe Couillard has served as Quebec minister of Health and Social Services and, in 2013, became the 31st premier of Quebec.

Le Dr Philippe Couillard a été le chirurgien-chef au département de neurochirurgie de l'Hôpital Saint-Luc à Montréal, puis il a participé à la fondation du service de neurochirurgie à Dhahran, en Arabie saoudite. De retour au Canada, il a enseigné à l'Université de Sherbrooke de 1996 à 2003 et a occupé le poste de directeur au Département de chirurgie du Centre hospitalier universitaire de Sherbrooke de 2000 à 2003. Élu député pour la première fois à l'Assemblée nationale du Québec en 2003, Philippe Couillard est nommé ministre de la Santé et des Services sociaux du Québec. Il devient le 31e premier ministre du Québec en 2013.

Quebec Health Minister, Dr. Philippe Couillard, outlines plans for recruiting more doctors and nurses from abroad, at a news conference, Québec City, November 18, 2003.

Le ministre de la Santé du Québec, le Dʳ Philippe Couillard, présente les plans pour le recrutement de médecins et d'infirmières et d'infirmiers à l'étranger lors d'une conférence de presse, Québec, le 18 novembre 2003.

From left, Brigitte Macron, French President Emmanuel Macron, Suzanne Pilotte and Quebec Premier Philippe Couillard walk through Old Montréal, June 7, 2018.

De gauche à droite, Brigitte Macron, le président français Emmanuel Macron, Suzanne Pilotte et le premier ministre du Québec, Philippe Couillard, se promènent dans le Vieux-Montréal, le 7 juin 2018.

"Quebecers are happy in Canada. We are benefiting economically and fiscally from belonging to Canada. We're proud of being Canadian. It's a great country. Everybody on Earth envies our Canadian citizenship."

« Le peuple québécois est un peuple heureux au Canada. Nous bénéficions, sur le plan économique et financier, de notre appartenance au Canada. Nous sommes fiers d'être des Canadiens et Canadiennes. Le Canada est un grand pays. Notre citoyenneté canadienne fait l'envie du monde entier. »

Quebec Liberal leader Philippe Couillard is surrounded by his caucus as he speaks to reporters after an election call, Québec City, March 5, 2014.

Le chef du Parti libéral du Québec, Philippe Couillard, est entouré de son caucus alors qu'il s'adresse aux journalistes après le déclenchement d'une élection, Québec, le 5 mars 2014.

Quebec Premier Jean Charest, Health Minister Philippe Couillard (left), and Education Minister Pierre Reid smile at an announcement at Laval University, Québec City, May 11, 2004.

Le premier ministre du Québec, Jean Charest, le ministre de la Santé, Philippe Couillard (à gauche), et le ministre de l'Éducation, Pierre Reid, sourient lors d'une annonce faite à l'Université Laval, Québec, le 11 mai 2004.

Prime Minister Justin Trudeau shares a hug with Quebec Premier Philippe Couillard as he welcomes him to the First Ministers Meeting at the Canadian Museum of Nature, Ottawa, November 23, 2015.

Le premier ministre Justin Trudeau étreint le premier ministre du Québec, Philippe Couillard, en l'accueillant à la rencontre des premiers ministres au Musée canadien de la nature, Ottawa, le 23 novembre 2015.

JOSEPH "JOE" HANDLEY

2024 Symons Medallist / Médaillé Symons 2024

Following a career as an educator, Joe Handley worked as deputy minister for several departments within the government of the Northwest Territories, leaving in 1999 to run successfully for election to the Legislative Assembly of the Northwest Territories. He held several cabinet portfolios, including Finance and Transportation. In 2003, he ran unopposed for the territories' premiership. Joe Handley has also been the recipient of a number of awards including the National Aboriginal Achievement Award (2008).

Après une carrière d'éducateur, Joe Handley a travaillé comme sous-ministre dans différents ministères au sein du gouvernement des Territoires du Nord-Ouest. En 1999, il se présente avec succès aux élections de l'Assemblée législative des Territoires du Nord-Ouest. Il prend en charge plusieurs portefeuilles ministériels, notamment ceux des Finances et des Transports. En 2003, il est élu par acclamation premier ministre des Territoires du Nord-Ouest. Joe Handley a également reçu un certain nombre de prix, dont le Prix national d'excellence décerné aux Autochtones en 2008.

Northwest Territories Premier Joe Handley speaks to the media following the day's first meeting at the Western Premiers' Conference in Inuvik, N.W.T., July 8, 2004.

Le premier ministre des Territoires du Nord-Ouest, Joe Handley, s'adresse aux médias à la suite de la première réunion de la journée à la Conférence des premiers ministres de l'Ouest à Inuvik, T.N.-O., le 8 juillet 2004.

Premier Joe Handley (left) of the Northwest Territories, and Premier Ed Stelmach, of Alberta, walk through Sylvia Grinnell Territorial Park during a break at the Western Premiers' Conference in Iqaluit, Nunavut, July 5, 2007.

Le premier ministre des Territoires du Nord-Ouest, Joe Handley (à gauche), et le premier ministre de l'Alberta, Ed Stelmach, se promènent dans le parc territorial Sylvia Grinnell pendant une pause à la Conférence des premiers ministres de l'Ouest à Iqaluit, Nunavut, le 5 juillet 2007.

"While there remains much to negotiate and settlement to reach with Northern Indigenous Leaders, there is cause to celebrate the advances already made in recognition of Indigenous rights. This is true particularly in self-government and land rights since Confederation. The willingness to participate in Treaty negotiations by Confederation fathers was huge and formed the basis for modern settlements."

« Les négociations sont loin d'être terminées pour conclure un règlement avec les dirigeants autochtones du Nord, mais nous pouvons déjà célébrer les progrès réalisés en matière de reconnaissance des droits autochtones. Cela est particulièrement vrai en ce qui concerne l'autonomie gouvernementale et les droits fonciers depuis la Confédération. La volonté des Pères de la Confédération de participer aux négociations d'un traité était une avancée énorme, établissant la base des ententes modernes. »

Northwest Territories Premier Joe Handley arrives at an Ottawa hotel to meet with counterparts before they have dinner with Prime Minister Paul Martin, September 12, 2004.

Le premier ministre des Territoires du Nord-Ouest, Joe Handley, arrive dans un hôtel d'Ottawa pour rencontrer ses homologues avant de se rendre à une réception du premier ministre Paul Martin, le 12 septembre 2004.

Saskatchewan Premier Lorne Calvert is flanked by Premier Joe Handley of the NWT (left) and Manitoba Premier Gary Doer (right), as he talks to reporters about the Western Premiers' initiative to tackle the problem of crystal meth in their respective provinces, Lloydminster, Alberta, May 5, 2005.

Le premier ministre de la Saskatchewan, Lorne Calvert, entouré du premier ministre des Territoires du Nord-Ouest Joe Handley (à gauche) et du premier ministre du Manitoba Gary Doer (à droite), parle aux journalistes de l'initiative des premiers ministres de l'Ouest visant à s'attaquer au problème de la méthamphétamine dans leurs provinces et territoires respectifs, Lloydminster, Alberta, le 5 mai 2005.

FRANK MCKENNA

2024 Symons Medallist / Médaillé Symons 2024

The Honourable Frank McKenna is one of Canada's most respected political and business leaders. He was elected premier of New Brunswick in 1987, where he served for 10 years. In 2005, he was named Canadian ambassador to the United States. Since 2006, he has worked as an executive with TD Bank Group and in 2020 joined TD Securities.

L'honorable Frank McKenna est l'un des dirigeants politiques et hommes d'affaires les plus respectés du Canada. Il est élu premier ministre du Nouveau-Brunswick en 1987, où il siège pendant 10 ans. En 2005, il est nommé ambassadeur du Canada aux États-Unis. Depuis 2006, il travaille comme cadre au sein du Groupe Banque TD et, en 2020, il s'est joint à Valeurs Mobilières TD.

Former U.S. president Bill Clinton with Frank McKenna before Clinton delivered the keynote address opening the Frank McKenna Centre for Leadership at St. Francis Xavier University in Antigonish, N.S., May 11, 2011.

L'ancien président des États-Unis Bill Clinton avec Frank McKenna, avant que Clinton ne prononce le discours d'ouverture du Frank McKenna Centre for Leadership à l'Université St. Francis Xavier, Antigonish, N.-É., le 11 mai 2011.

The Canadian Press President Eric Morrison (right) looks on as Canada's ambassador to the United States, Frank McKenna, addresses a gathering at The Canadian Press annual dinner, Gatineau, Quebec, June 3, 2005.

Le président de La Presse Canadienne, Eric Morrison (à droite), regarde l'ambassadeur du Canada aux États-Unis (à Frank McKenna, prendre la parole à l'occasion du dîner annuel de La Presse Canadienne, Gatineau, Québec, le 3 juin 2005.

Former British prime minister Tony Blair laughs as he speaks with Frank McKenna after delivering a speech, Toronto, January 17, 2008.

L'ancien premier ministre britannique Tony Blair rit alors qu'il s'entretient avec Frank McKenna après avoir prononcé un discours, Toronto, le 17 janvier 2008.

"My Canada has become a comfortable pew and complacency is our enemy. Our geography and resources guarantee us a good life with little effort. We could and should be so much more. The world needs more Canada but the Canada it needs is not the patronizing, pandering and marginally productive Canada of today. We need to take a leap from complacency to action and if we leap the net will find us."

« Le Canada est assis confortablement, mais l'inaction est notre pire ennemi. Notre géographie et nos ressources nous garantissent une bonne vie sans avoir à travailler avec acharnement. Nous pourrions et devrions viser de plus hauts sommets. Le monde a besoin de plus d'un Canada, mais mais pas du Canada condescendant, présomptueux et marginalement productif d'aujourd'hui. Nous devons passer de la complaisance à l'action. Saute et le filet apparaîtra. »

New Brunswick Premier Frank McKenna chats with Rosemarie Kuptana, head of the Inuit Tapiriit Kanatami as Assembly of First Nations Chief Ovide Mercredi looks on, Ottawa, 1996.

Le premier ministre du Nouveau-Brunswick, Frank McKenna, s'entretient avec Rosemarie Kuptana, présidente de l'Inuit Tapiriit Kanatami du Canada, sous le regard d'Ovide Mercredi, chef de l'Assemblée des Premières Nations, Ottawa, 1996.

Prime Minister Brian Mulroney and New Brunswick Premier Frank McKenna pose for photos before the start of a meeting at Mulroney's Ottawa residence, February 26, 1989.

Le premier ministre Brian Mulroney et le premier ministre du Nouveau-Brunswick, Frank McKenna, avant la tenue d'une réunion à la résidence de Mulroney, Ottawa, le 26 février 1989.

A Centre for the Future
Un centre porteur d'avenir

CONFEDERATION CENTRE OF THE ARTS
CENTRE DES ARTS DE LA CONFÉDÉRATION

COMMUNITY PAVILION

As a national historic site, the Confederation Centre of the Arts has a responsibility to reflect the many identities in an evolving nation through arts and heritage programming, to understand and share the truth about all aspects of Canadian Confederation, and to contribute to reconciliation by acting as a convenor of voices.

In 2018, it was determined that the Provincial Library would be moving out of its current space in the the Confederation Centre of the Arts. So, between 2018 and 2022, the Confederation Centre of the Arts held consultations, meetings, public forums, and town halls with stakeholders about what should be done with the former library space.

Ideas were shared from patrons, staff, board members, government, the culture sector, and Indigenous communities. National consultations also occurred with industry partners through the Canadian Arts Summit and individuals such as Senator Murray Sinclair, and then-Minister of Canadian Heritage Steven Guilbeault.

A summary of stakeholder feedback from national, regional, local, Indigenous, and non-Indigenous communities identified three areas of need:

1. Play a larger national role in facilitating the *creation of new Canadian work*, especially musical theatre and visual arts.

2. *Expand arts education and training programs* to include arts industry training and more inclusive arts training.

3. *Increase heritage programming* to explore an evolving Canada and tell a fuller story of Canadian Confederation, including Treaty history and responsiveness to Truth and Reconciliation.

The National Cultural Leadership Institute (NCLI) at the Confederation Centre of the Arts will be the home of the Arts Innovation Hub, Arts Academy, and Charlottetown Forum.

L'Institut national de leadership culturel (NCLI) du Centre des arts de la Confédération sera le foyer du Centre d'innovation artistique, de l'Académie artistique et du Forum de Charlottetown.

En tant que lieu historique national, le Centre des arts de la Confédération est chargé de refléter les nombreuses identités de notre pays en évolution dans le cadre de ses programmes artistiques et patrimoniaux, de comprendre et de partager la vérité sur les différents aspects de la Confédération canadienne, et de contribuer au processus de réconciliation en permettant à chacun, chacune de se faire entendre.

En 2018, la décision est prise de déménager la bibliothèque provinciale du Centre des arts de la Confédération. Entre 2018 et 2022, le Centre des arts de la Confédération mène alors des consultations, des réunions, des forums publics et des assemblées publiques auprès des parties prenantes pour décider de l'usage de l'espace autrefois occupé par la bibliothèque.

Les usagers, les membres du personnel, les membres du conseil d'administration, le gouvernement, les responsables du secteur culturel et les communautés autochtones ont partagé leurs idées. Des consultations nationales ont été menées auprès des partenaires de l'industrie dans le cadre du Sommet canadien des arts, et auprès de personnes comme le sénateur Murray Sinclair et le ministre du Patrimoine canadien, Steven Guilbeault.

Le résumé des commentaires des intervenants des collectivités nationales, régionales, locales, autochtones et non autochtones a permis d'identifier trois domaines où des besoins se font sentir :

1. Jouer un rôle accru à l'échelle nationale pour appuyer la *création de nouvelles œuvres canadiennes*, en particulier dans les domaines du théâtre musical et des arts visuels.

2. *Diversifier les programmes d'éducation et de formation artistique* pour inclure une formation dans l'industrie des arts et une formation artistique inclusive.

3. *Accroître les programmes patrimoniaux* afin de favoriser l'exploration du Canada en évolution et d'étoffer l'histoire de la Confédération canadienne, notamment en incluant l'histoire des traités et les efforts en matière de vérité et de réconciliation.

The National Cultural Leadership Institute
L'Institut national de leadership culturel

The National Cultural Leadership Institute (NCLI), which will blend the creation of new work with professional learning, and the discussion of national identities and community, is scheduled to open in 2026. The Institute expands on the Centre's rich cultural heritage and will provide Canadians with new ways of connecting to one another. More than ever, the Centre, through the Institute, is committed to realizing these important goals. These can be achieved by increasing the number of opportunities for dialogue, building engagement and participation from more communities, and improving the ways the Institute connects to the rest of Canada.

Adding to the Confederation Centre's world-class theatre and gallery programming, the Institute will enable the Centre to lead through three program areas and their respective spaces:

The Arts Innovation Hub will significantly support the growth and development of new Canadian work in theatre, visual arts, and artist residencies.

The Arts Academy will actively strengthen the national arts sector as a training ground for artists and arts industry professionals, while building capacity in the Atlantic region, and serving the local community with accessible arts classes for everyone.

The Charlottetown Forum will provide dedicated spaces and events for the discussion of important issues in Canada, the evolution of Canadian Confederation and national identities. Whether a more inclusive account of our shared history or wide-ranging perspectives on Canada's potential for the future, the Charlottetown Forum will facilitate a deeper understanding of the central issues of an evolving Canada.

L'Institut national de leadership culturel (NCLI), qui combinera la création de nouvelles œuvres avec l'apprentissage professionnel et le débat sur les identités nationales et la communauté, devrait ouvrir ses portes en 2026. L'Institut développera le riche patrimoine culturel du Centre et offrira aux Canadiens de nouvelles façons d'établir des liens entre eux. Plus que jamais, le Centre s'engage à atteindre ces objectifs importants par l'entremise de l'Institut. Il est possible d'y parvenir en augmentant le nombre d'occasions de dialogue, en renforçant l'engagement et la participation d'un plus grand nombre de collectivités et en améliorant la façon dont l'Institut établit des liens avec le reste du Canada.

S'ajoutant à la programmation de théâtre et aux galeries de calibre mondial du Centre des arts de la Confédération, l'Institut permettra au Centre de diriger trois secteurs de programmation et leurs espaces respectifs :

Le Centre d'innovation artistique appuiera considérablement la croissance et le développement de nouvelles œuvres canadiennes dans les domaines du théâtre, des arts visuels et des résidences d'artistes.

L'Académie artistique renforcera activement le secteur national des arts en offrant de la formation aux artistes et aux professionnels de l'industrie des arts, tout en renforçant les capacités dans la région de l'Atlantique et en servant la communauté locale par l'entremise de cours d'art accessibles à tous.

Le Forum de Charlottetown offrira un espace dédié aux événements et aux discussions portant sur les enjeux importants au Canada, l'évolution de la Confédération canadienne et les identités nationales. Qu'il s'agisse d'un récit inclusif de notre histoire commune ou de perspectives élargies sur le potentiel du Canada

The Confederation Centre of the Arts is a national cultural hub and convenor, fuelled by innovation and a commitment to telling stories in new ways, improving the availability of open and publicly accessible spaces for diverse cultural experiences and perspectives, and creating national opportunities for dialogue in order to engage all Canadians and visitors to Canada.

pour l'avenir, le Forum de Charlottetown facilitera une meilleure compréhension des enjeux principaux d'un Canada en évolution.

Le Centre des arts de la Confédération est un centre culturel national et un lieu rassembleur, alimenté par l'innovation et l'engagement à raconter des histoires de nouvelles façons, la disponibilité d'espaces ouverts et accessibles au public pour diverses expériences et perspectives culturelles, et la création d'occasions de dialogue national afin de mobiliser tous les Canadiens et Canadiennes, ainsi que les visiteurs au Canada.

The NCLI is a result of renovations to the former library building. Designed by Abbott Brown Architects, the guiding principles of the design include sustainability, accessibility, and inclusion.

Le NCLI résulte de la reconfiguration de l'ancien bâtiment de la bibliothèque. Développée par Abbott Brown Architects, sa conception privilégie les principes directeurs de la durabilité, de l'accessibilité et de l'inclusion.

The NCLI lobby, featuring an impressive atrium with accessible street level entry, will provide easy access to ramps and elevators and sight lines to Arts Academy and Charlottetown Forum studios and exhibition spaces.

Le hall d'entrée du NCLI, orienté vers l'est et donnant sur la rue, comporte un atrium impressionnant avec une entrée accessible au rez-de-chaussée ; le hall d'entrée offrira un accès facile aux rampes et aux ascenseurs, ainsi qu'une visibilité des studios et des espaces d'exposition de l'Académie artistique et du Forum de Charlottetown.

Within the NCLI, the Charlottetown Forum will make use of spaces such as the Cultural Community Room for learning about Canadian history, Confederation, Truth and Reconciliation, and be a place for sharing and intercultural understanding.

Au sein du NCLI, le Forum de Charlottetown utilisera des espaces tels que la salle communautaire culturelle pour faciliter l'apprentissage sur l'histoire du Canada, la Confédération canadienne ainsi que sur la vérité et la réconciliation. De plus, il sera un lieu de partage et de compréhension interculturelle.

The Arts Innovation Hub will include facilities and spaces for the creation of new work in music, theatre and visual arts.

Le Centre d'innovation artistique comprendra des installations et des espaces pour la création de nouvelles œuvres dans les domaines du théâtre musical et des arts visuels.

The NCLI will reduce the carbon footprint of the pavilion by nearly 50%, while adding a new theatre creation space at the west end of the former library.

Le NCLI réduira l'empreinte de carbone du pavillon de près de 50 %, tout en ajoutant un nouvel espace de création théâtrale à l'extrémité ouest de l'ancienne bibliothèque.

ABOUT THE AUTHOR / AU SUJET DE L'AUTEUR

HARVEY SAWLER

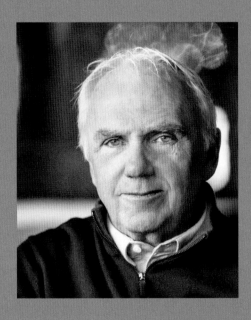

Including this volume, Harvey Sawler has written 18 fiction and non-fiction books, covering the spectrum from celebrity, business, and crime to travel and entertainment. He is the former director of marketing and public relations for the Confederation Centre of the Arts, and, in 2014, authored the Centre's 50th anniversary commemorative book, *The Centre for All Canadians—Five Decades of Inspiration and Excellence*. Over 51 years, he has written hundreds of articles and stories for newspapers, magazines, and digital media forms, and he is a leading Canadian tourism consultant. He lives in Bellevue Cove, Prince Edward Island, with his partner, Charlotte Stewart. (www.harveysawlerstories.com)

Incluant le présent livre, Harvey Sawler est l'auteur de dix-huit ouvrages romanesques et documentaires couvrant une vaste gamme de sujets, dont les célébrités, les affaires, le crime, les voyages et le divertissement. Il est l'ancien directeur de marketing et des relations publiques du Centre des arts de la Confédération. Il est l'auteur du livre commémoratif du 50ᵉ anniversaire du Centre, *The Centre for All Canadians—Five Decades of Inspiration and Excellence*, publié en 2014. Sur une période de 51 ans, il a écrit des centaines d'articles et de récits publiés dans des journaux, des magazines et des médias numériques, et il est l'un des principaux consultants canadiens en tourisme. Il habite à Bellevue Cove, Île-du-Prince-Édouard, avec sa partenaire, Charlotte Stewart. (www.harveysawlerstories.com)

Photo Credits / Références photographiques

CP - Canadian Press   AP - Associated Press

The Honourable Jean Charest – page 46 – CP | Ryan Remiorz; CP | Jacques Boissinot; CP | Tom Hanson; CP | Jacques Nadeau, Pool.

The Honourable Roy McMurtry – page 48 – Kevin Van Paassen | *The Globe and Mail*; Ryan Carter; CP | Dan Hamilton; CP | Kevin Frayer; CP | Fred Chartrand.

Mark Starowicz – page 50 – Ian Campbell; *The Globe and Mail*.

The Honorable Peter Lougheed – page 52 – CP | Peter Bregg; CP | Dave Buston; CP | Bill Becker; CP | Andy Clark; CP | Dave Buston.

The Honourable John Crosbie – page 54 – CP | Chuck Mitchell; CP | Paul Daly; CP | Nathan Denette; CP | Red MacIver.

Ian E. Wilson – page 56 – CP | Fred Chartrand; CP | *Winnipeg Free Press* | Marc Gallant.

The Right Honourable Beverley McLachlin – page 58 – CP | Tom Hanson; CP | Patrick Doyle; CP | Andrew Vaughan; CP | Jeff McIntosh; CP | Fred Chartrand.

The Right Honourable Mary Simon – page 60 – CP | Fred Chartrand; CO | Paul Chiasson; CP | Adrian Wyld.

The Right Honourable David Johnston – page 62 – CP | Pawel Dwulit; CP | Jeff McIntosh; CP | Jacques Boissinot; CP | Adrian Wyld; CP | Nathan Dennett.

Dr. Ivan P. Fellegi – page 64 – CP | Fred Chartrand; Louise Vessey; Ashley Fraser | *Ottawa Citizen*.

PC : La Presse canadienne   AP : Associated Press

L'honorable Jean Charest – page 46 – Ryan Remiorz | PC; Jacques Boissinot | PC; Tom Hanson | PC; Jacques Nadeau | PC - Pool.

L'honorable Roy McMurtry – page 48 – Kevin Van Paassen | *The Globe and Mail*; Ryan Carter; Dan Hamilton | PC; Kevin Frayer | PC; Fred Chartrand | PC.

Mark Starowicz – page 50 – Ian Campbell; *The Globe and Mail*.

L'honorable Peter Lougheed – page 52 – Peter Bregg | PC; Dave Buston | PC; Bill Becker | PC; Andy Clark | PC; Dave Buston | PC.

L'honorable John Crosbie – page 54 – Chuck Mitchell | PC; Paul Daly | PC; Nathan Denette | PC; Red MacIver | PC.

Ian E. Wilson – page 56 – Fred Chartrand | PC; Marc Gallant | *Winnipeg Free Press* | PC.

La très honorable Beverley McLachlin – page 58 – Tom Hanson | PC; Patrick Doyle | PC; Andrew Vaughan | PC; Jeff McIntosh | PC; Fred Chartrand | PC.

La très honorable Mary Simon – page 60 – Fred Chartrand | PC; Paul Chiasson | PC; Adrian Wyld | PC.

Le très honorable David Johnston – page 62 – Pawel Dwulit | PC; Jeff McIntosh | PC; Jacques Boissinot | PC; Adrian Wyld | PC; Nathan Dennett | PC.

Ivan P. Fellegi – page 64 – Fred Chartrand | PC; Louise Vessey; Ashley Fraser | *Ottawa Citizen*.

Dr. David Suzuki – page 66 – CP | Adrian Wyld; CP | Tom Hanson; CP | Darryl Dyck.

The Right Honourable Paul Martin – page 68 – CP | Tom Hanson; CP | Nick Procaylo; CP | Adrian Wyld.

His Royal Highness Prince Charles (now King Charles III) – page 70 – CP | Paul Chiasson; CP | Fred Chartrand; CP | Adrian Wyld; CP | Paul Chiasson.

Stephen Lewis – page 72 – CP | Frank Gunn; CP | Adrian Wyld; CP | Codie McLachlan; CP | Stuart Nimmo.

Paul Gross – page 74 – CP | Jonathan Hayward; CP | Jeff McIntosh; CP | Nathan Denette; CP | Sean Kilpatrick.

Dr. Antonine Maillet – page 76 – CP | Jacques Nadeau; CP | Peter Bregg; CP | Andrew Vaughan; CP | Chuck Mitchell; CP | Chris Helgren.

The Right Honourable Justin Trudeau – page 78 – CP | files; CP | Justin Tang; CP | Jonathan Hayward; CP | Paul Chiasson; CP | Sean Kilpatrick.

Dr. Margaret Olwen MacMillan – page 80 – CP | David Kawai; AP | Matt Dunham, Pool; Louise Vessey.

The Honourable Murray Sinclair – page 82 – CP | John Woods; CP | Darryl Dyck; CP | Adrian Wyld; CP | Sean Kilpatrick.

The Honourable Bob Rae – page 84 – CP | Aaron Harris; CP | Adrian Wyld; CP | Sean Kilpatrick; CP | Blaise Edwards; CP | Jason Franson.

The Honourable Louise Arbour – page 86 – CP | Fred Chartrand; CP | Andrew Vaughan; CP | Sean Kilpatrick; CP | Tom Hanson.

Shelagh Rogers – page 88 – CP | Fred Chartrand; CP | *Ottawa Citizen* Bruno Schlumberger; Tibor Kolley; Louise Vessey.

Dr. Michael Ignatieff – page 90 – CP | Adrian Wyld; CP | Jonathan Hayward; CP | Paul Chiasson; CP | Chris Young; CP | David Boily.

David Suzuki – page 66 – Adrian Wyld | PC; Tom Hanson | PC; Darryl Dyck | PC.

Le très honorable Paul Martin – page 68 – Tom Hanson | PC; Nick Procaylo | PC; Adrian Wyld | PC.

Son Altesse Royale le prince Charles (aujourd'hui le roi Charles III) – page 70 – Paul Chiasson | PC; Fred Chartrand | PC; Adrian Wyld | PC; Paul Chiasson | PC.

Stephen Lewis – page 72 – Frank Gunn | PC; Adrian Wyld | PC; Codie McLachlan | PC; Stuart Nimmo | PC.

Paul Gross – page 74 – Jonathan Hayward | PC; Jeff McIntosh | PC; Nathan Denette | PC; Sean Kilpatrick | PC.

Antonine Maillet – page 76 – Jacques Nadeau | PC; Peter Bregg | PC; Andrew Vaughan | PC; Chuck Mitchell | PC; Chris Helgren | PC.

Le très honorable Justin Trudeau – page 78 – Dossiers | PC; Justin Tang | PC; Jonathan Hayward | PC; Paul Chiasson | PC; Sean Kilpatrick | PC.

Margaret Olwen MacMillan – page 80 – David Kawai | PC; Matt Dunham | AP – Pool; Louise Vessey.

L'honorable Murray Sinclair – page 82 – John Woods | PC; Darryl Dyck | PC; Adrian Wyld | PC; Sean Kilpatrick | PC.

L'honorable Bob Rae – page 84 – Aaron Harris | PC; Adrian Wyld | PC; Sean Kilpatrick | PC; Blaise Edwards | PC; Jason Franson | PC.

L'honorable Louise Arbour – page 86 – Fred Chartrand | PC; Andrew Vaughan | PC; Sean Kilpatrick | PC; Tom Hanson | PC.

Shelagh Rogers – page 88 – Fred Chartrand | PC; Bruno Schlumberger | *Ottawa Citizen* | PC; Tibor Kolley; Louise Vessey.

Michael Ignatieff – page 90 – Adrian Wyld | PC; Jonathan Hayward | PC; Paul Chiasson | PC; Chris Young | PC; David Boily | PC.

Christy Clark – page 92 – CP | Darryl Dyck; CP | Jonathan Hayward.

The Honourable Dr. Philippe Couillard – page 94 – CP | Jacques Boissinot; CP | Graham Hughes; CP | Ryan Remiorz; CP | Sean Kilpatrick.

Joseph "Joe" Handley – page 96 – CP | Jeff McIntosh; CP | Chuck Stoody; CP | Fred Chartrand; CP | Jeff McIntosh.

The Honourable Frank McKenna – page 98 – CP | Fred Chartrand; CP | Tom Hanson; CP | Adrian Wyld; CP | Andrew Vaughan; CP | Jonathan Hayward.

Christy Clark – page 92 – Darryl Dyck | PC; Jonathan Hayward | PC.

L'honorable Dr Philippe Couillard – page 94 – Jacques Boissinot | PC; Graham Hughes | PC; Ryan Remiorz | PC; Sean Kilpatrick | PC.

Joseph « Joe » Handley – page 96 – Jeff McIntosh | PC; Chuck Stoody | PC; Fred Chartrand | PC; Jeff McIntosh | PC.

L'honorable Frank McKenna – page 98 – Fred Chartrand | PC; Tom Hanson | PC; Adrian Wyld | PC; Andrew Vaughan | PC; Jonathan Hayward | PC.

Achevé d'imprimer en juin deux mille vingt-quatre sur les presses de l'imprimerie Marquis, Montmagny (Québec), Canada.

Printed in June 2024 at Marquis, Montmagny (Québec), Canada.